DuMont Schnellkurs

BÖRSE

Birgit Willberger ist Diplom-Betriebswirtin.
Gemeinsam mit ihrem Ehemann Joachim Tack betreibt
sie seit 1993 eine Investmentberatung in Nürnberg.

Auch wenn die Kurse fallen –
mit der richtigen Strategie gehören Sie an der Börse zu den Gewinnern.

DumOnt Schnellkurs

BÖRSE

Birgit Willberger und Joachim Tack

DUMONT

Impressum

Umschlagvorderseite von oben nach unten und von links nach rechts:
Wall Street, New York – eine der berühmtesten Börsenadressen der Welt / Ohne Computer geht auch an der Börse heute fast nichts mehr / Ein Börsenmakler signalisiert seine Kaufwünsche / Anzeigetafel in der Warenterminhandelsbörse von Chicago / Vom schwindenden Vertrauen der Anleger in amerikanische Unternehmen kann der europäische Wirtschaftsraum profitieren / Die New York Stock Exchange, die wichtigste internationale Leitbörse

Umschlagrückseite von links nach rechts:
Anzeigentafel mit dem DAX / Steiler Aufstieg, tiefer Fall: EM.TV, eine der vielversprechendsten Neu-Emissionen der letzten Jahre / Wichtigste Voraussetzung für Börsenmakler: starke Nerven

Alle in diesem Buch enthaltenen Angaben wurden von den Autoren nach bestem Wissen erstellt und von ihnen und dem Verlag mit größtmöglicher Sorgfalt überprüft. Gleichwohl sind – wie wir im Sinne des Produkthaftungsrechts betonen müssen – inhaltliche Fehler nicht vollständig auszuschließen. Daher erfolgen die Angaben ohne jegliche Verpflichtung oder Garantie des Verlages oder der Autoren. Beide übernehmen keinerlei Verantwortung und Haftung für etwaige inhaltliche Unstimmigkeiten. Wir bitten dafür um Verständnis.

Die Deutsche Bibliothek - CIP-Einheitsaufnahme

Willberger, Birgit, und Tack, Joachim:
Börse / Willberger, Birgit. – Orig.-Ausg. –
Köln : DuMont-Literatur-und-Kunst-Verl., 2002
(DuMont-Taschenbücher ; Band 533 : DuMont Schnellkurs)
ISBN 3-8321-5562-7

Originalausgabe

Satz: Hildy Ueberhofen, blickpunkt IXI, Köln
Druck und buchbinderische Verarbeitung: Editoriale Lloyd

Printed in Italy ISBN 3-8321-5562-7

Inhalt

Inhalt

Vorwort

Die Börse – Ort märchenhafter Gewinne oder gigantischer Verluste, großer Hoffnungen und enttäuschter Erwartungen, ein Ort, an dem Phantasie, Schnelligkeit und gute Nerven gefragt sind. Zumal in Deutschland ist die Börse aber auch ein Ort, der für private Anlgeger noch zu entdecken ist und dessen Potential für intelligente und langfristig gewinnbringende Investitionen noch viel zu wenig genutzt wird.

Ins Blickfeld einer breiteren Öffentlichkeit kam das Börsengeschehen erstmals im Herbst 1996 beim Börsengang der Deutschen Telekom, die mit einer groß angelegten Kampagne in den Medien ganz dezidiert um die Gunst der Kleinanleger warb. Der Börsengang war erfolgreich, nach einem enormen Kursanstieg 1999 setzte jedoch für die Telekom-Aktie ein ebenso ausgeprägter Kursverfall ein. Bei den Anlegern macht sich »Katerstimmung« und Aktienverdrossenheit breit. Eine zwar verständliche, aber dennoch falsche Reaktion.

Die Telekom-Aktionäre haben lediglich eine ganz normale Entwicklung durchlaufen, die sich jedoch erheblich von den Erfahrungen mit den bisher genutzten Anlageformen unterscheidet. Im Gegensatz zu einem Sparbuch bei der Bank gibt es an der Börse nun einmal keinen garantierten Zinssatz für das angelegte Geld. Die Börse ist ein »heißes Pflaster«, auf dem sich viele Spieler tummeln. Wie sich die Kurse auf dem Aktienmarkt entwickeln, hängt von vielen Faktoren ab, und nicht immer sind sie rational nachvollziehbar – auch Erwartungen und Phantasien können eine große Rolle spielen, wie etwa die Entwicklung auf dem Neuen Markt zeigt.

Der richtige Umgang mit Wertpapieren ist indessen gar nicht so schwer, wenn man ein paar Grundregeln beherzigt. Der »Schnellkurs Börse« sagt Ihnen kurz und knapp alles, was Sie wissen müssen. Er bietet einen Überblick über die Entwicklung der Börse und ermöglicht einen Blick hinter die Kulissen des internationalen Aktienhandels. Mit vielen praktischen Hinweisen erleichtert er den Einstieg in ein aktives Aktienmanagement und bietet dem privaten Anleger alle Informationen, die er braucht, um stets die richtige Entscheidung zu treffen. Langfristig gesehen, gibt es sicher keine andere Anlageform, die ein besseres Ergebnis bringt.

Ob dieses Buch nun der Anstoß ist, die Faszination Börse überhaupt erst zu entdecken oder aber nach dem ein oder anderen möglicherweise missglückten Versuch einen neuen Vorstoß zu wagen – wir wünschen allen unseren Leser/Innen eine im wahrsten Sinne des Wortes gewinnbringende Lektüre.

Birgit Willberger und Joachim Tack

Kleiner Blick zurück – Geschichte der Börse

Die Börse als Ort des Handels mit Waren, Devisen und Wertpapieren blickt auf eine lange Geschichte zurück. Ihren Ursprung glauben die Historiker vor mehr als dreitausend Jahren im alten Ägypten ausgemacht zu haben, und zwar in der Nähe von Kairo. Hier haben sich aus dem 13. Jahrundert v. Chr. recht genaue Aufzeichnungen vom Handel mit verschiedensten Waren an einer Börse mit Händlern, Maklern und Auktionatoren erhalten.

Die **erste Börse** entstand vermutlich im alten Ägypten **zur Zeit von Amenophis II.**, der von 1438 – 1412 v. Chr. lebte. Hier ist der König auf einem Kampfwagen dargestellt.

Kennzeichnend für die frühen Börsen in der antiken Welt war die direkte Verbindung zum Warenhandel. In der Nähe von Schiffsanlegestellen, auf Märkten und in den umliegenden Gebäuden trafen sich die Händler und Kaufleute und wickelten ihre Geschäfte ab. Neben Lebensmitteln und Gewürzen, Tüchern und Häuten und vielen anderen Waren begann sich an solchen Orten allmählich auch der Handel mit Devisen und Schuldscheinen zu etablieren.

Die ersten Gebäude, die einerseits der Lagerung von Waren dienten, andererseits aber auch umschlossene Höfe beherbergten, wo die Händler wie heute in der Börse ihren Geschäften nachgehen konnten, entstanden im Mittelalter in Flandern. Und hier wird auch der Ursprung des Begriffes »Börse« vermutet: Er soll zurückgehen auf eine reiche Kaufmannsfamilie namens »van der Beurze« aus Brügge. Der Name wird mit dem niederländischen »beurs« für Geldbeutel in Verbindung gebracht, der seinerseits vom spätlateinischen »bursa«, Ledersack, und dem griechischen »byrsa« (Fell, Ledersack) abstammen dürfte.

Die Stadt Brügge avancierte dank der direkten Verbindung zum Meer seit dem 12. Jahrhundert zu einem wichtigen Umschlagplatz für Waren aller Art. Hierher brachten Reeder und Händler alles, was sie im Nahen Osten, Indien oder Afrika, aber auch in den südlichen Ländern Europas eingehandelt hatten.

Die nicht ortsansässigen Kaufleute wohnten in Herbergen wie dem Haus »ter Beurze« in der Grauwwerkerstraat, das sich seit 1453 im Besitz der Familie van der Beurze befand. Hier wohnten die Fremden nicht nur, hier betrieben sie auch ihre Geschäfte. So kam es, dass der Platz vor dem Haus »ter Beurze« allmählich zu einem festen Treffpunkt wurde, wo sich jeweils um die Mittagsstunde die Händler von Brügge trafen und die anstehenden Transaktionen besprachen. Gehandelt wurden alle Waren, die nach Art und Menge eindeutig bestimmbar und dennoch austauschbar waren, also »fungibel«. Dazu gehörten vor allem Wolle und Getreide,

Ansicht der Stadt **Nürnberg** aus der Schedelschen Weltchronik. Dort wurde Anfang des 16. Jahrhunderts **eine der ersten deutschen Börsen** gegründet.

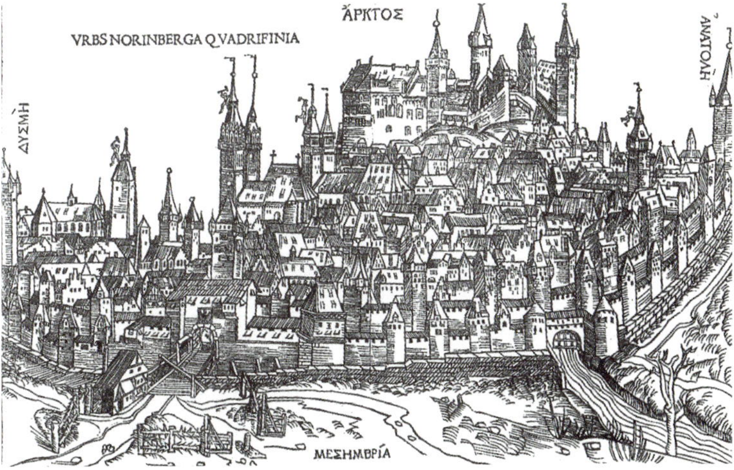

Der **Hafen von Brügge um 1540**. Im Vordergrund ein Weinhändler, der eine Kostprobe seiner gerade eingetroffenen Ware anbietet. Im Hintergrund ist der große Drehkran mit Tretradantrieb zu sehen, ein Wahrzeichen der Handelsstadt Brügge, in der seit Anfang des 14. Jahrhunderts der internationale Handel blühte.

aber auch Holz, Kautschuk und eine Fülle anderer Waren. Der Name der Herberge ging zunächst auf den Platz über, an dem sie lag, später auf die Institution für den Handel mit vertretbaren Waren und Wertpapieren.

Schon zu Zeiten der van der Beurzes konnte indessen nicht jeder Händler an diesen Treffen teilnehmen. Es gab bereits damals Regeln, die den Zugang beschränkten und den Umgang der Kaufleute miteinander festlegten. Zu diesen Regeln zählte etwa der Handschlag zur Besiegelung eines Geschäftes und die unbedingte Einhaltung eines gegebenen Wortes.

Nach Brügge avancierte zunächst Antwerpen zum wichtigsten internationalen Handelsplatz, seit 1576 war es dann Amsterdam. Die ersten deutschen Städte, in denen Anfang des 16. Jahrhunderts eine Börse entstand, waren Nürnberg und Augsburg. Vor allem die Hanse trug zur Verbreitung des niederländischen Modells bei, und so verzeichneten neben Amsterdam, Kopenhagen und Roedby auch Städte wie Hamburg, Bremen und Lübeck bereits recht früh die Gründung von Börsen. Dies war jeweils der Ort, an dem Waren aller Art, aber auch Gold- und Silbermünzen gehandelt wurden. Hier entstand der sogenannte »Terminhandel«, und die Spekulation blühte: Es wurden nicht nur Waren gehandelt, die sich bereits vor Ort befanden, sondern auch viele Güter, die mit Schiffen aus Asien oder Afrika noch kommen sollten. Das heißt, der Käufer investierte in der Hoffnung auf steigenden Gewinn, musste aber mit dem Risiko leben, dass der Wert der Ware bis zu ihrem tatsächlichen Eintreffen auch sinken

Anteile an Schiffen gehörten zu den frühesten Aktien, hier Handelsschiffe der Vereinigten Ostindischen Compagnie auf einem Stich von Wenzel Hollar, 1647.

konnte, etwa durch die Ankunft weiterer Schiffe mit der gleichen Ladung, oder, im schlimmsten Fall, dass das Schiff mit seiner Ware den Heimathafen nicht mehr erreichte.

An diesen frühen Börsen wurden außer Waren und Wechseln auch schon Aktien gehandelt, vor allem Anteile an Schiffen.

Eine der ersten Aktiengesellschaften war die Vereinigte Ostindische Compagnie, eine Handelsgesellschaft, die 1602 in Amsterdam gegründet wurde. Die Aktien waren Namenspapiere, über die ein Register geführt wurde. In der ersten Zeit wurden die Dividenden in Naturalien bezahlt: Die Anteilseigner erhielten Anteile der Handelswaren, die die Gesellschaft aus dem Fernen Osten importierte. In Zeiten, in denen exotische Gewürze wie Pfeffer, Ingwer und Zimt mit Gold aufgewogen wurden, für die Aktionäre sicher kein schlechtes Geschäft.

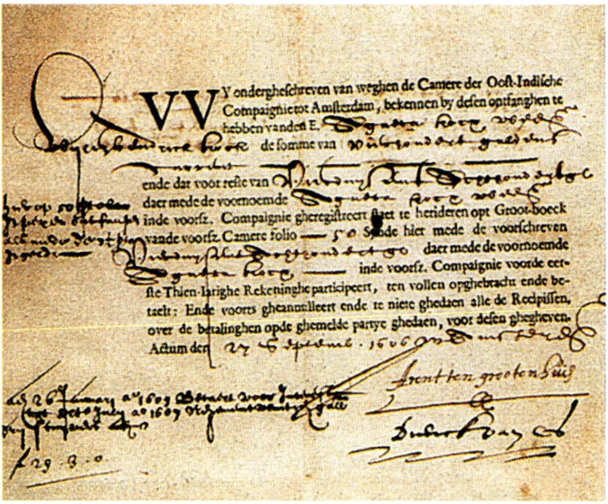
VVY ondergheschreven van weghen de Camere der Oost-Indische Compaignie tot Amsterdam, bekennen by desen ontfanghen te hebben vanden E.
de somme van
ende dat voor reste van
daer mede de voornoemde
inde voorsz. Compaignie gheregistreert staet te herideren opt Groot-boeck vande voorsz. Camere folio — 50 Sende hier mede de voorschreven
daer mede de voornoemde
inde voorsz. Compaignie voorde eerste Thien-Iarighe Rekeninghe participeert, ten vollen opghebracht ende betaelt: Ende voorts gheannulleert ende te niete ghedaen alle de Recipissen, over de betalinghen opde ghemelde partye ghedaen, voor desen ghegheven.
Actum den 27
Arent ten grotenhuis

Die **älteste erhaltene Aktie der Welt** ist 400 Jahre alt; ausgestellt wurde sie 1602 von der Vereinigten Ostindischen Compagnie in Amsterdam.

Ein Blick in die Vergangenheit zeigt, dass Kurseinbrüche wie in den vergangenen Jahren im Grunde keine ungewöhnliche Situation sind – eher im Gegenteil: Die Geschichte der Börse ist reich an Parallelen. Auch die Kapitalgeber früherer Zeiten, die in der Hoffnung auf reiche Gewinne ihr Geld in Überseeschiffe, Tulpenzwiebeln oder Eisenbahnprojekte investierten, erlebten nicht nur Erfolgsgeschichten, sondern immer wieder auch immense Verluste.

Der erste spektakuläre Zusammenbruch eines Marktes ereignete sich im 17. Jahrhundert in Holland. Hier hatten sich Tulpenzwiebeln, die findige Händler aus dem Osmanischen Reich importierten, zu begehrten Spekulationsobjekten entwickelt. Tulpenzwiebeln wurden gesammelt und getauscht, neue Sorten gezüchtet: Die Tulpe avancierte zu einem Statussymbol ersten Ranges. Große Nachfrage trieb die Preise für die kostbaren Zwiebeln immer weiter in die Höhe. Nicht wenige Kaufwillige verpfändeten in der Hoffnung auf weiter steigende Preise Hab und Gut. Als dann schließlich die ersten Anleger auf hohem Preisniveau begannen »Kasse zu machen«, die Nachfrage zurückging und letztendlich ein Ausverkauf begann, setzte ein rascher Preisverfall ein, das heißt, die hochspekulierten »Kurse« brachen ein. Viele der »reichen« Investoren verloren alles, und die Tulpe war schließlich wieder eine ganz normale Blumenzwiebel.

Ein Tulpenstrauß, gemalt von dem Antwerpener Maler Ambrosius Bosschaert, um 1630. Auf dem Höhepunkt des Tulpenfiebers war eine **Zwiebel mittlerer Qualität in Holland so viel wert wie ein Pferd mit Wagen**. Besondere Exemplare konnten sogar den Preis eines Wohnhauses erzielen.

In Frankreich traf das Ungkück zu Beginn des 18. Jahrhunderts Investoren, die ihr Geld in Aktien der Mississippi-Gesellschaft, eines Kolonial-Unternehmens des Engländers John Law angelegt hatten. Etwa zur gleichen Zeit platzte in England die »Südsee-Spekulation«, bei der ebenfalls Anteilsscheine auf eine Kolonialgesellschaft ausgegeben worden waren.

Die deutschen »Börsianer« traf der erste Rückschlag Ende des 19. Jahrhunderts. Während der industriellen Revolution hatte man begonnen, die Vorzüge der Finanzierungsmöglichkeiten durch die Börse in größerem Umfang zu nutzen. In der Zeit ab 1850 erlebte die Wirtschaft in Europa einen immensen Aufschwung. Industrie und Handel florierten, die Infrastruktur wurde ausgebaut und fast jeden Tag gab es eine Neuemission. In dieser Zeit etablierte sich die Berliner Börse als die wichtigste im Land und löste die

Frankfurter Börse mit ihrer ebenso langen Tradition auf Platz Eins der deutschen Börsenstandorte ab. Allein zwischen 1870 und 1873 gelang es, mehr als 800 Aktiengesellschaften zu gründen. Dabei wurden Unternehmen bisweilen zu Phantasiepreisen gekauft. Die Anleger störten sich daran indessen kaum, Aktien waren die interessanteste Anlageform (eine Situation, die sich in den Jahren 1999 und 2000 wiederholte).

Die spektakulären Zusammenbrüche in frühen Börsenzeiten

Tulpen-Hausse 1630 bis 1637
South Sea Bubble in England 1720
John Law und die Mississippi-Projekte 1720
Kanalbaufieber in England 1793
Hamburg-Krise 1799
Internationale Wertwirtschaftskrise 1836 – 1838
Eisenbahnaktien-Hausse in Deutschland 1842 – 1848
Weltwirtschaftskrise 1857
Krise von 1864 bis 1867, bedingt durch den Rückgang des amerikanischen Baumwollexportes

Bezeichnend für das Börsengeschehen der Zeit ist die Hausse bei Eisenbahnaktien in Deutschland zwischen 1842 und 1848. Namen wie Krupp und Borsig sind noch heute Symbole dieser Eisenbahnkonjunktur. Wegen des hohen Kapitalbedarfs beim Bau von Bahnlinien wurden in diesem Bereich zahlreiche Aktiengesellschaften gegründet.

Immer neue Emissionen führten dazu, dass 1870 in Berlin über 180 (!) Eisenbahnpapiere notiert waren, deren Gesellschaften größtenteils noch gar nicht gegründet waren, und die diesen Augenblick auch nie erleben sollten. Diese Form der Geldanlage, der so genannte »Promessenhandel«, war hoch spekulativ und wie sich zeigen sollte mit enormem Risiko verbunden. So verlor einer der erfolgreichsten Bahnbauer, Bethel Henry Strousberg, sein Vermögen durch ein gescheitertes Schienenunternehmen in Rumänien.

In der so genannten Gründerzeit ab 1870 entstanden in Deutschland Aktiengesellschaften wie Hoesch, Conti-

Eine der ersten Dampfloks aus der Produktion der Firma Borsig, 1841 gebaut. Schon Ende des 19. Jahrhunderts gehörte **Borsig** zu einem der **größten Lokomotivherstellern der Welt**.

Gummi, Deutsche Bank, Dresdner Bank und Commerzbank und viele andere, die noch heute an der Börse zu finden sind.

In dieser Zeit wurde fast alles zur AG gewandelt, so gab es in Frankfurt eine Turnverein AG und in Saarbrücken eine AG für katholische Interessen. Schon damals gab es ein Gründerkonsortium, das für die Emission verantwortlich war. Aktien waren gefragt wie noch

Aus dem Mutterland der Eisenbahnen: eine **Aktie der ersten Eisenbahngesellschaft der Welt**, der »Liverpool, Manchester and Newcastle Railway Company«. In England kam das Kapital für Eisenbahngesellschaften weitgehend aus Kleinanteilen von 100 bis 1000 Pfund Sterling aus mittelständischen Ersparnissen.

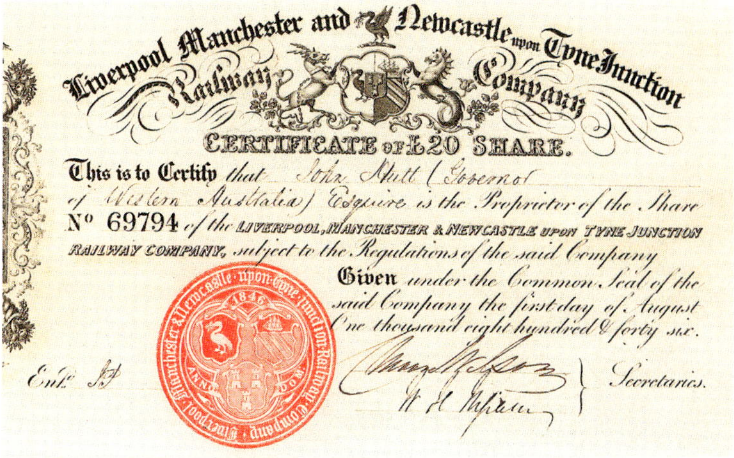
Liverpool Manchester and Newcastle upon Tyne Junction Railway Company

CERTIFICATE OF £20 SHARE.

This is to Certify that John Hutt (Governor of Western Australia) Esquire is the Proprietor of the Share No 69794 of the LIVERPOOL, MANCHESTER & NEWCASTLE UPON TYNE JUNCTION RAILWAY COMPANY, subject to the Regulations of the said Company.

Given under the Common Seal of the said Company the first day of August One thousand eight hundred & forty six.

Secretaries.

Liverpool Manchester & Newcastle upon Tyne Junction Railway Company 1846 Anno Dom nie, jedermann kaufte. Aber die Konjunktur erhitzte sich und es folgte ein tiefer Einbruch, die so genannte Gründerzeitkrise. Am 9. Mai 1873 war es schließlich vorbei. An diesem »schwarzen Freitag« brach die Wiener Börse massiv ein, New York und Berlin folgten wenig später. Innerhalb von drei Jahren halbierten sich die Kurse.

Auch in den Vereinigten Staaten gab es im 19. Jahrhundert ein **Eisenbahnfieber**. Damals wurden die großen Linien gebaut, die den Kontinent erschließen.

Der Jahrhundertcrash

Selbst den wenig Börseninteressierten ist der spätere »Schwarze Freitag« am 25. Oktober 1929 bekannt – ein massiver Einbruch an der New Yorker Börse, der sich dann schockwellenartig auf die Börsen in aller Welt übertrug. Der Einbruch kam, wie so oft, für die meisten vollkommen unerwartet, gab es doch gerade Anlass, den Aufbruch in ein neues Wirtschaftszeitalter zu feiern: mit Erfolgen und Fortschritten auf dem Transportsektor – der erste Transatlantikflug, die Entwicklung eines Automobils für breite Bevölkerungsschichten – und nicht zuletzt mit der Verbreitung von Radio und Telefon.

Die Messzahl für die Börsenentwicklung in den USA war bereits damals der Dow Jones Index. Dieser zählte im August 1921 lediglich 64 Punkte und kletterte während der Hausse auf 386 Punkte. Auf ein Allzeit-Hoch bis Anfang September 1929 folgte schließlich ein Kursrückgang von fast 20 Prozent, in den folgenden Wochen setzte sich der Rückgang stetig fort. Der Hausse folgte die Panik. Viele Anleger hatten während der Hausse Geld inverstiert, das aus Krediten stammte. Tausende von Menschen weltweit verloren alles, was sie hatten, nicht wenige nahmen sich aus Verzweiflung das Leben.

Der Höhepunkt der Krise war in Deutschland der Zusammenbruch der zweitgrößten deutschen Bank, der Darmstädter Nationalbank, im Juli 1931.

Der Schock über diesen Einbruch hatte enorme Folgen, von denen sich die Börsen lange nicht erholen

Nach dem **Schwarzen Freitag** am 25. Oktober 1929 drängen sich vor der New Yorker Börse verzweifelte Anleger.

sollten. Im November 1929 erreichte der Dow Jones mit 158 Punkten seinen absoluten Tiefststand in dieser Krise. Die folgenden Jahre waren von der Weltwirtschaftskrise geprägt, und es dauerte bis Mitte der fünfziger Jahre, bis der Höchststand von 1929 wieder übertroffen werden konnte.

Turbulenzen der Weltpolitik

Auch in den folgenden Jahren hatte das Börsengeschehen immer wieder Rückschläge zu verzeichnen, deren Hintergründe weitgehend in den Turbulenzen der Weltpolitik zu finden sind. Die schwierige Konjunktur während des Zweiten Weltkrieges und des Wiederaufbaus, die Kuba-Krise 1962, die Ölkrise 1973, der Golfkrieg 1990/1991 – all dies wirkte sich mehr oder weniger intensiv und nachhaltig auf die Weltbörsen aus.

Aber auch die im Jahr 1999 einsetzende und durch die Technologie-Euphorie und New Economy getriebene Hausse blieb nicht ohne Folgen. Im März 2000 begann eine der am längsten anhaltenden Baissen in der Geschichte der Börse. Dieser »Salami-Crash«, der für viele Anleger/Innen zunächst gar nicht erkennbar war, vollzog sich in mehreren Stufen, und auch die meisten Analysten waren nicht in der Lage, den kommenden Rückgang in seinem vollen Umfang richtig einzuschätzen. Glaubten die meisten Investoren, Banker, Analysten und Fondsmanager im Sommer 2001 noch, das Schlimmste sei überstanden, so wurden sie bald eines anderen belehrt. Der Salami-Crash wurde noch vertieft und übertroffen durch die Terroranschläge in New York. Die darauf folgende Kurskorrektur nach unten und die damit verbundenen Milli-

Der **Anschlag auf das World Trade Center** am 11. September 2001 verurachte einen rasanten Kurssturz.

ardenverluste für die Anleger/Innen konnte zwar im letzten Quartal 2001 zum Teil wieder aufgefangen werden, eine nachhaltige Kurskorrektur nach oben läßt indessen noch auf sich warten.

Business as usual an den US-Börsen kurze Zeit nach dem Anschlag von New York.

Und nicht nur das: Aus den USA kommen Nachrichten über Bilanzmanipulationen bei großen Unternehmen und erschrecken professionelle und private Anleger gleichermaßen. Mit dem Ergebnis, dass die Kurse zunächst noch weiter in den Keller rutschen. Doch all dies ist kein Grund zur Verzweiflung. Der Blick in die Vergangenheit zeigt nämlich: Was an der Börse zählt, sind die Zukunftsaussichten, also die Phantasie, welche Erträge mit welchen Unternehmen zu erzielen sein könnten. Ganz gleich, ob es sich dabei um etablierte Unternehmen handelt, oder ob der Anleger seine Hoffnung auf Neu-Emission und Firmen der so genannten New Economy richtet.

Und nur wer die künftigen Entwicklungen mit dem richtigen Fingerspitzengefühl oder »Riecher« beurteilen kann, hat die Nase vorn und kann mit Gewinnen rechnen. Denn die Entwicklung des Dow Jones zeigt, dass sich die Investition in Aktien langfristig sehr wohl lohnt, selbst wenn in Einzelfällen herbe Verluste nicht auszuschließen sind.

Die Börse ist der Ort, an dem Angebot und Nachfrage nach *Wertpapieren* aufeinander treffen. Ein Handelsplatz also, an dem »Kleinanleger« und große Investoren als Kapitalgeber mit Unternehmen und Staaten als Kapitalnehmer zusammengeführt werden. Sie schafft einen Ausgleich zwischen den unterschiedlichen Interessen dieser beiden Gruppen, denn die Kapitalnehmer benötigen eine langfristige Kapitalbindung, was die Anleger meist nicht bieten können oder wollen. Durch den täglichen Handel können Aktien und Anleihen zwischen den Investoren jederzeit getauscht werden, ohne dass die Kapitalnehmer unmittelbar davon betroffen sind. Ihnen steht Kapital langfristig zur Verfügung. Dies bezeichnet man an der Börse auch als Sekundärmarkt bzw. Zirkulationsmarkt. Demgegenüber steht der Primärmarkt, an dem durch die Emissionen immer wieder neue Wertpapiere angeboten und somit den Kapitalnehmern neues Geld zugeführt wird.

Die Aufgaben der Börse

Die Börse führt nicht nur Angebot und Nachfrage nach Kapital zusammen, sie stellt auch die Handelsplattformen bereit und sichert so die Handelbarkeit der einzelnen Wertpapiere. Es gehört zu ihren Aufgaben, Informationen über den Handel und die Kurse bereitzustellen und den Investoren größtmögliche Transparenz zu sichern.

Diese Aufgaben und die allgemeinen Grundlagen für den Handel sind im deutschen Börsengesetz festgelegt, das in seinen Grundzügen aus dem 19. Jahrhundert stammt, und immer wieder überarbeitet wurde. Die heutige Fassung datiert aus dem Jahr 1975.

Wenn wir über die Börse sprechen, meinen wir nicht nur den Markt für *Aktien*, wie er bei Anlegern und auch in den Medien im Vordergrund steht. Zu den Wertpapieren, die an der Börse gehandelt werden, zählen neben Aktien in großem Umfang auch Wertpapiere mit festem Zinssatz, die so genannten *Rentenpapiere*; daneben gibt es einen interessanten Markt für den Terminhandel und inzwischen auch einen, wenn auch

Aufgaben der Börse

- Zusammenführung von Angebot und Nachfrage
- Bereitstellung von Handelsplattformen
- Sicherstellung der Handelbarkeit der einzelnen Wertpapiere
- Bereitstellung von Informationen über den Handel und die Kurse
- Sicherung von größtmöglicher Transparenz für Investoren

relativ kleinen, Markt für Fonds. Aktien, Anleihen und Fonds werden an den sogenannten Kassamärkten gehandelt, während über die Terminmärkte durch den Handel mit derivativen Finanzprodukten, also Optionen und Futures, Risiken abgesichert werden, die sich aus den Kurs- und Währungsschwankungen im Kassamarkt ergeben.

Der größte deutsche Handelsplatz für Aktien in Deutschland ist die Frankfurter Börse. Bezogen auf die inländischen Aktienumsätze liegt sie nach Angaben der Deutsche Börse AG an dritter Stelle der weltweit größten Börsen.

Im Schatten der Aktienbörse stehen die Rentenmärkte. Und dies obwohl an den Rentenbörsen wesentlich mehr Titel gehandelt werden als an den Aktienbörsen. Gegenüber den weltweit ca. 40.000 bis 50.000 notierten Aktienunternehmen gibt es weit mehr als 400.000 registrierte und gehandelte festverzinsliche Wertpapiere. Die Vielfalt des Angebots ist immens, im langfristigen Vergleich sind Rentenpapiere jedoch weniger ertragreich als Aktien.

Bulle und Bär vor der Frankfurter Wertpapierbörse. Der Bulle mit erhobenem Kopf gilt als Symbol der Hausse mit steigenden Kursen, der Bär hält den Kopf gesenkt und symbolisiert so die Baisse mit fallenden Kursen.

Seit Bestehen der Börsen war gerade der Warenterminhandel ein wichtiges Segment, bisweilen sogar das wichtigste. Warenterminhandel heißt: Käufer und Verkäufer vereinbaren einen Preis für eine Ware, die zu einem bestimmten Termin zu liefern ist. Steigen die Marktpreise für die Ware bis zu diesem Tag, war die Spekulation erfolgreich und der Käufer macht Gewinn. Die größte Terminhandelsbörse weltweit befindet sich in Chicago; die einzige deutsche ist in Hannover. An den Warenterminbörsen werden Lebensmittel, landwirtschaftliche Produkte und vieles andere gehandelt – von Schweinebäuchen über Getreide, Obst bis hin zu Kaffee oder Tee. Die Palette ist vielfältig und das Volumen übertrifft die Wertpapierbörsen um ein Vielfaches. Aber Achtung: Der Warenterminhandel ist nichts für Laien! Wer sich auf dieses Parkett begibt, sollte genau wissen, was er tut und vor allem was ihn dort erwartet. Hier ist sicherlich einmal »schnelles Geld« zu machen, jedoch nur für Profis.

Die Warenterminhandelsbörse in Chicago ist der größte Rohstoffmarkt der Welt. Hier werden vor allem landwirtschaftliche Produkte, z.B. auch Sojamehl, gehandelt. Das Prinzip dieses Geschäftes läßt sich mit der Situation eines Bauern vergleichen, der seine Ernte verkauft, bevor er sie eingebracht hat. Wenn er Glück hat, ist der Marktpreis beim Einbringen der Ernte niedriger als die vereinbarte Summe, die der Käufer aber dennoch zahlen muss. Hat unser Bauer Pech, sind die Marktpreise inzwischen gestiegen, er aber muss sich mit der vereinbarten Summe begnügen.

Ein weiteres Börsensegment ist der Handel mit Futures und Terminkontrakten, auch Derivate genannt. Dieser Ableger kommt aus dem Warenterminhandel, wobei die Geschäfte mit der Zukunft sich in diesem Bereich nicht nur auf Aktien und Wertpapiere beziehen, sondern auch auf Indizes. Hierbei gibt es immer zwei Spieler: einen, der eine positive Entwicklung erwartet und einen, der vom Gegenteil ausgeht. Wer mit seiner Einschätzung richtig liegt, gewinnt. In Frankfurt befindet sich die EUREX, die weltweit größte Terminbörse, eine Tochtergesellschaft der Deutsche Börse AG und der Schweizer Börse, die in sieben weiteren europäischen

Ländern vertreten ist und mit den Börsen in New York und Chicago kooperiert (www.eurex.de). In Stuttgart hat sich mit der EUWAX ein eigener Bereich für den Optionsscheinhandel angesiedelt (www.euwax.de).

Über Euwax wird in Deutschland der **Handel mit Optionsscheinen** abgewickelt.

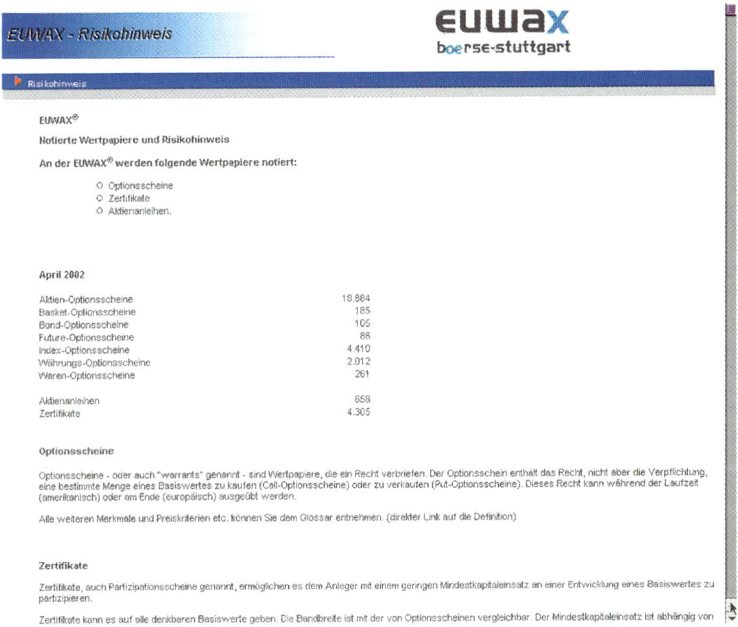
EUWAX - Risikohinweis

euwax
boerse-stuttgart

Risikohinweis

EUWAX®

Notierte Wertpapiere und Risikohinweis

An der EUWAX® werden folgende Wertpapiere notiert:

- Optionsscheine
- Zertifikate
- Aktienanleihen.

April 2002

Aktien-Optionsscheine	18.884
Basket-Optionsscheine	185
Bond-Optionsscheine	105
Future-Optionsscheine	86
Index-Optionsscheine	4.410
Währungs-Optionsscheine	2.012
Waren-Optionsscheine	261
Aktienanleihen	658
Zertifikate	4.305

Optionsscheine

Optionsscheine - oder auch "warrants" genannt - sind Wertpapiere, die ein Recht verbriefen. Der Optionsschein enthält das Recht, nicht aber die Verpflichtung, eine bestimmte Menge eines Basiswertes zu kaufen (Call-Optionsscheine) oder zu verkaufen (Put-Optionsscheine). Dieses Recht kann während der Laufzeit (amerikanisch) oder am Ende (europäisch) ausgeübt werden.

Alle weiteren Merkmale und Preiskriterien etc. können Sie dem Glossar entnehmen. (direkter Link auf die Definition)

Zertifikate

Zertifikate, auch Partizipationsscheine genannt, ermöglichen es dem Anleger mit einem geringen Mindestkapitaleinsatz an einer Entwicklung eines Basiswertes zu partizipieren.

Zertifikate kann es auf alle denkbaren Basiswerte geben. Die Bandbreite ist mit der von Optionsscheinen vergleichbar. Der Mindestkapitaleinsatz ist abhängig von

Die Träger der Börsen

Die acht Börsen in Deutschland haben unterschiedliche Rechtsformen. Entweder sind es öffentlich-rechtliche Körperschaften, eingetragene Vereine oder privatrechtliche Unternehmen wie die Deutsche Börse AG. Diese ist ein eigenständiges Wirtschaftsunternehmen, das als Serviceunternehmen und Träger der Frankfurter Börse, durch Transaktionen und den damit verbundenen Gebühren und Einnahmen eigene Gewinne realisieren will und inzwischen auch selbst an der Börse gelistet ist.

Der Börsenvorstand ist für die Verwaltung und Leitung zuständig. Eine Zulassungsstelle entscheidet über die Aufnahme eines Wertpapiers zum Handel. Die amtlich bestellten Börsenmakler werden von der Maklerkammer, ihrer Standesvertretung, überwacht. Für jede Börse gibt es eine Börsenaufsicht und zum Handel werden nur Personen zugelassen, die gewerbsmäßig Wertpapiergeschäfte betreiben.

Die Börsenaufsicht

Damit der Handel an den Börsen ordnungsgemäß vollzogen wird, ebenso die Kursfeststellung und Preisbildung, gibt es eine Marktaufsicht. Diese besteht aus dem Bundesaufsichtsamt für den Wertpapierhandel, der Börsenaufsicht auf Bundesländerebene und der Handelsüberwachungsstelle der jeweiligen Börse.

Die Aufgaben der Marktaufsicht erstrecken sich von der Sicherstellung eines fairen und transparenten Handels und der ordnungsgemäßen Abwicklung zustande gekommener Geschäfte über die Gewährleistung einer korrekten Preis- und Kursfeststellung, die Veröffentlichung wichtiger, kursrelevanter Meldungen der börsennotierten Unternehmen bis hin zum Schutz der Anleger. Dabei steht die Verhinderung des Insider-Handels im Vordergrund.

Georg Wittlich, Leiter des Bundesaufsichtsamtes für den Wertpapierhandel, verspricht **schärfere Kontrollen** und effizientere Bestrafung, zum Beispiel bei Insidergeschäften: Wenn Vorstände und Aufsichtsräte verstärkt Aktien ihres eigenen Unternehmens verkaufen, kann dies auf ein nahende Krise deuten. Im Gegensatz zu Deutschland müssen in den USA alle börsennotierten Firmen diese Directors-Dealings unverzüglich der Aufsicht (SEC) melden. Wird ein solcher Handel aufgedeckt, muss der Börsengewinn abgeführt und hohe Strafen gezahlt werden. Diese Vorgehensweise soll mit dem neuen Finanzmarktförderungsgesetz im Herbst 2002 auch in Deutschland eingeführt werden. Ebenso wird das in den USA so gefürchtete »Naming and Shaming« der SEC, bei dem die überführten Missetäter mit allen Details im Internet veröffentlicht werden, in der EU übernommen.

Die Aufsichtsbehörde mit den strengsten Vorschriften und Strafen bei Nichtbefolgen ist die SEC (Securities and Exchange Commission), die staatliche Aufsichtsbehörde in den USA.

Die Handelssysteme

Damit die Aufträge, Kauf oder Verkauf von Wertpapieren, an der Börse ausgeführt werden können, steht in Deutschland neben der traditionellen Präsenzbörse, auch Parketthandel genannt, das elektronische Handelssystem »XETRA« (exchange electronic trade) zur Verfügung.

Die Bedeutung des Parketthandels wie man ihn kennt, mit Händlern, die wild gestikulieren, laut rufen und auf mehreren Apparaten gleichzeitig telefonieren, um ihre Geschäfte abzuschließen, geht mehr und mehr zurück. Als Hintergrund für die Berichterstattung von Fernsehreportern, die live von der deutschen oder amerikanischen Börse berichten, noch immer beliebt, verliert die Präsenzbörse seit der Einführung des elektronischen Handelssystems XETRA im Jahr 1998 immer mehr an Boden. Sie wird abgelöst durch die »Computerbörse«. Diese arbeitet wesentlich schneller und der Zugriff auf Daten ist leichter, auch grenzüberschreitend. XETRA ist nicht ortsgebunden, so dass von überall über dieses System gehandelt werden kann. Der Parketthandel für DAX-Werte ist inzwischen komplett eingestellt. Nach Angaben der Deutsche Börse AG werden auf XETRA zur Zeit mehr als 18.000 Wertpapiere gehandelt.

XETRA brachte darüber hinaus für Privatanleger eine ganze Reihe von Vorteilen: So sind seit Juni 1999 die Mindestordergrößen weggefallen. Theoretisch können Sie heute auch nur eine einzige Aktie ordern. Ebenso wurden die festen Orderzeiten gestrichen. Musste man früher bis spätestens 12.00 Uhr seine Kauf- oder Verkaufsaufträge über die Hausbank angegeben haben, damit sie überhaupt noch am selben Tag ausgeführt wurden, können jetzt mit XETRA Aufträge während der gesamten Börsenhandelszeit erteilt werden. Die so genannte Mindestschlussgröße, das heißt die kleinste Anzahl von Aktien, die pro Auftrag gehandelt werden muss, beträgt ein Stück bei DAX- und 100 Stück bei MDAX-Werten.

Gleichzeitig sind die Ausführungszeiten wesentlich schneller geworden. Im Zeitalter von Computer und

Das **elektronische Börsenhandelssystem XETRA** ermöglicht den Handel von Wertpapieren auf einer Plattform, an jedem beliebigen Standort der Welt. Zum Handel sind auch hier nur autorisierte Personen und Banken zugelassen, unter www.xetra.de kann aber auch der interessierte Anleger im Internet stets die aktuellen Kurse sowie eine Vielzahl weiterer wichtiger Informationen abrufen.

Internet können Banken und hier vor allem die so genannten Direktbanken die Aufträge viel schneller erledigen und die entsprechenden Informationen an die Anleger weitergeben.

Und letztendlich verringert XETRA die Kosten, da durch die elektronische Zusammenführung die Maklercourtage entfällt.

Die Handelszeiten

Die Nachfrage im Aktienhandel und die Konkurrenz der europäischen und internationalen Börsen untereinander hat enorm zugenommen. War lange Zeit der Handel bereits um 14.00 Uhr zu Ende, wurde er zunächst auf 17.00 Uhr und inzwischen auf den Zeitraum von 9.00 bis 20.00 Uhr an Wochentagen ausgedehnt. Unter dem Druck der internationalen Konkurrenz findet der Börsenhandel inzwischen auch an manchen Feiertagen wie Fronleichnam, Pfingstmontag, Tag der Deutschen Einheit, Allerheiligen statt, um nur einige zu nennen.

Die Erweiterung der Handelszeiten wurde während der vergangenen Aktienhausse tatsächlich sehr stark genutzt. Inzwischen ist es etwas ruhiger geworden und vermehrt taucht die Spekulation auf, ob der Abendhandel wieder zeitlich verkürzt wird. Eine konkrete Planung hierzu gibt es aber noch nicht.

Die Börsenmakler

Von XETRA noch nicht ganz, aber fast verdrängt, findet man auf dem Parkett der Börse die Makler. Sie sind für die Zusammenführung von Kauf- und Verkaufsaufträgen für Wertpapiere bei der Präsenzbörse sowie die Kursfeststellung zuständig. Als einziges Land der Welt besteht Deutschland darauf, dass Kursmakler amtlich bestellt sein müssen, auch wenn sie eigenständig handeln. Kursmakler kaufen immer auf eigene Rechnung, eigene Kosten und eigenes Risiko. Dann versuchen sie, die gekauften Positionen weiterzuvermitteln. Auf diesen Handel entfällt die Maklercourtage. Sie beträgt beispielsweise auf Aktien 0,8 Promille, bei DAX-Werten nur 0,4 Promille.

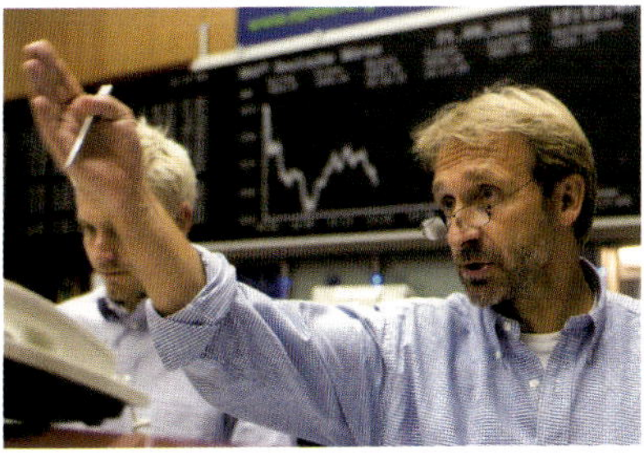

Die Präsenzbörsen, hier die Börse in Frankfurt, ist den professionellen Maklern vorbehalten.

Amtliche Kursmakler werden von der Börsenaufsichtsbehörde bestellt und vereidigt. Sie wirken an der Kursfeststellung der Wertpapiere mit. Daneben gibt es auch Freimakler, die vor allem Wertpapiere zwischen den an der Börse zugelassenen Banken vermitteln.

Börsenmakler können grundsätzlich nicht für private Kunden tätig werden. Die Aufträge von Privatanlegern werden immer über Kreditinstitute, die Hausbank oder eine Direktbank, abgewickelt, die ihrerseits dann den Kontakt zu einem Börsemakler aufnimmt.

Die wichtigsten Börsenplätze

In Deutschland gibt es acht Börsenplätze, an denen gehandelt werden kann:

Frankfurt/Main, Düsseldorf, München, Hamburg, Stuttgart, Berlin, Bremen und Hannover. Dabei findet der Anleger/die Anlegerin in Frankfurt den größten Handelsplatz für Aktien und die vollelektronische Börse für den Handel mit Futures und Optionen (Eurex). Aus diesem Grund haben sich die anderen Börsen auf bestimmte Nischen spezialisiert, wie etwa der Warenterminhandel in Hannover oder die Euwax in Stuttgart für den Handel mit Optionsscheinen.

Die Berliner Börse ist der Spezialist für ausländische Wertpapiere und den Freiverkehrshandel. In Bremen wurde nach dem Umzug im Jahr 2000 der Parketthandel vollständig abgeschafft. Der Computerhandel konzentriert sich auf den Handel der Werte des Neuen Marktes und der größten Werte der NASDAQ.

Düsseldorf hat sich zur zweitgrößten Optionsscheinbörse entwickelt. Die Börsen Hamburg und Hannover haben sich 1999 zusammengeschlossen und wollen zukünftig schwerpunktmäßig den Freiverkehr ausbauen. Darüber hinaus sind beide Börsen an der einzigen Warenterminhandelsbörse (WTB) in Hannover beteiligt. Die Münchner Börse ist der Spezialist für ausländische Werte und Stuttgart die Nummer Eins beim Optionsscheinhandel.

Die zehn größten Börsen der Welt

	Börse	Kapital in Mrd. Euro	Anteil am Börsenkapital weltweit
1	Wall Street	11.507,33	40,8 %
2	NASDAQ	2.827,14	10,0 %
3	Tokio	2.812,54	10,0 %
4	London	2.313,39	8,2 %
5	Euronext	1.115,25	6,7 %
6	Dt. Börse	1.115,25	4,0 %
7	Zürich	669,61	2,4 %
8	Toronto	625,06	2,2 %
9	Mailand	563,91	2,0 %
10	Hongkong	499,66	1,8 %

Die größten Börsenplätze in Europa neben Frankfurt sind London, Paris, Mailand, Amsterdam und Zürich. Dazu kommen noch weitere regionale Handelsplätze in jedem Land. Der Zusammenschluss der Währung zum Euro als erster Schritt wird nicht nur den Handel für Anleger/Innen erleichtern, eine engere Zusammenarbeit der einzelnen Börsen und vielleicht auch weitere Zusammenschlüsse werden folgen. Eine erste, enge Zusammenarbeit entstand beim Marktsegment »Neuer Markt«. Der Frankfurter Neue Markt, der Nouveau Marché in Paris, der Euro.NM Belgium in Brüssel und der NMAX in Amsterdam haben sich zu einer Gemeinschaftsinitiative Euro.NM für Wachstumswerte in Europa zusammengeschlossen.

Mit EUREX entstand als Tochtergesellschaft der Deutsche Börse AG und der Schweizer Börse die größte Terminbörse in Europa, die in sieben europäischen Ländern vertreten und mit New York und Chicago verbunden ist.

In den USA befinden sich drei große, überregionale und fünf regionale Börsen. Der Mittelpunkt bildet die NYSE (New York Stock Exchange). Sie ist nicht nur die größte amerikanische, sondern die Leitbörse für die ganze Welt. Hier findet mit mehr als 4.000 Aktientiteln, die zum amtlichen Handel zugelassen sind, der größte Aktienhandel in den USA statt.

Die **New York Stock Exchange** an der Wall Street ist die größte und wichtigste Börse weltweit.

Die zweite Börse in New York ist die AMEX, American Stock Exchange, die im Schatten der großen NYSE steht. Hier werden überwiegend kleinere und mittlere Unternehmen gehandelt, für die weniger strenge Zulassungs- und Publizitätspflichten gelten.

Mit der NASDAQ befindet sich auch die größte elektronische Börse der Welt in den USA. Die Abkürzung steht für »National Assiociation of Securities Dealers Automated Systems«. Dem elektronischen Handelssystem EUREX in Deutschland vergleichbar, gibt es hier keinen Parketthandel – alle Transaktionen finden ausschließlich via Computer statt. Ursprünglich als Börse für kleine Unternehmen gegründet, hat sich die NASDAQ inzwischen vor allem als Handelsplatz für Technologiewerte einen Namen gemacht. Im Gegensatz zu

Technologiewerte dominieren die NASDAQ. Nicht nur junge Unternehmen, sondern auch viele der großen Computerfirmen, wie Dell Computers oder Microsoft, sind hier notiert.

den beiden vorgenannten Börsen findet hier kein staatlich regulierter Handel, sondern ein privater statt. Dieser heißt OTC-Markt (Over-The-Counter). In der NASDAQ sind viele innovative, junge Unternehmen gelistet. Obwohl auch die hier notierten Unternehmen vor der Börseneinführung geprüft werden, haben sich in der jüngsten Vergangenheit nicht wenige dieser Technologiewerte als hoch spekulativ erwiesen.

Chicago beherbergt die bedeutendste Warenterminbörse der Welt. Begünstigt durch Schifffahrts- und Eisenbahnlinien entstand hier mit dem Chicago Board of Trade bereits 1848 die älteste US-amerikanische Börse, damals vor allem ein Umschlagplatz für die landwirtschaftlichen Produkte der Region, heute die größte internationale Börse für Rohstoffe aller Art, von Sojabohnen über gefrorenen Orangensaft bis hin zu Bauholz.

Nachdem der **japanische Aktienmarkt** 1997 einen schweren Einbruch erlitten hatte, hofft man an der Börse in Tokio auf Besserung.

Die wichtigsten Börsenplätze des asiatisch-pazifischen Raumes sind Hongkong und Tokio. An der Tokioter Börse wird der Nikkei-Index berechnet, der Aktienindex der 225 wichtigsten japanischen Aktiengesellschaften.

Die Börsensegmente

An den Börsen gibt es unterschiedliche Märkte, an denen Aktien zum Handel zugelassen sind. Die gesetzlichen Segmente unterteilen sich in diese drei Märkte: der Amtliche Handel, der Geregelte Verkehr und der Freiverkehr. Sie unterscheiden sich maßgeblich in den Zulassungsvoraussetzungen.

Die Zulassung zum Börsenhandel erfolgt erst, wenn die Unternehmen ein bestimmtes »Zulassungsverfahren« durchlaufen haben. Dieses Zulassungsverfahren ist bei den ersten beiden Marktsegmenten öffentlichrechtlich und im Freiverkehr privat.

Der Amtliche Handel wird von den großen, namhaften Aktiengesellschaften (auch Blue Chips) genutzt. Er unterliegt den strengsten Zulassungs- und Veröffentlichungsvorschriften des Wertpapierhandels. Das Mindestvolumen bei der Erstemission muss bei 1,3 Millionen Euro liegen, das Unternehmen mindestens 3 Jahre existieren und für diese Zeit auch Jahresabschlüsse vorgelegt haben. Ein weiteres wichtiges Kriterium ist der Streubesitz. Hier müssen mindestens 25 Prozent des Gesamtkapitals von Investoren erworben werden können. Im Amtlichen Handel finden sich überwiegend die Konzerne mit den größten Umsätzen. Der Bekanntheitsgrad und die Nachfrage sichern weitgehend den Investoren die Möglichkeit, diese Aktien jederzeit handeln zu können. Der Amtliche Handel darf nur von amtlichen Maklern durchgeführt werden und ist börsengesetzlich geregelt.

Der *Geregelte Verkehr* gilt für mittlere und kleinere Unternehmen, wobei die Zulassungsvoraussetzungen wesentlich geringer sind als beim Amtlichen Handel. Aktiengesellschaften mit einem Eigenkapital von 250.000 Euro können hier bereits eine Handelszulassung bekommen. Es gibt keine Vorschriften zum Mindestalter. Die Aktien, die im Geregelten Verkehr gehandelt werden, beinhalten ein größeres Risiko, da die täglichen Umsätze niedriger sind als beim Amtlichen Handel und somit nicht garantiert ist, dass Kauf-

Konkurrenzkampf der Börsenplätze nimmt zu

Der Kampf um Anleger findet nicht nur zwischen Banken statt. Nein, auch die europäischen Börsen buhlen um die Gunst der Anleger. So hatte der Zusammenschluss der Schweizer Börse SWX mit dem britischen Tradepoint im Sommer 2001 ein neue elektronische Börse zur Folge: Virt-X in London!

Über Virt-X sind 29 Schweizer Blue-Chip-Aktien jetzt nur noch in England handelbar, sehr zum Ärger der Schweizer Anleger. Virt-X bietet europaweite Transaktionen zu Preisen und einer Schnelligkeit wie bei Inlandsgeschäften an.

Der Einführung folgten sofort Reaktionen der Deutschen Börse AG, die durch einen Zusammenschluss mit dem amerikanischen Indexanbieter Dow Jones sowie den Investmentbanken Goldman Sachs und Morgan Stanley, den günstigeren Handel von rund 200 US-Standardwerten in Frankfurt ermöglicht.

Die US-Wachstumsbörse NASDAQ beteiligte sich mit 58 Prozent an dem europäischen Pendant Easdaq und will in diesem Jahr mit der NASDAQ-Japan einen weltweiten Handel von Wachstumswerten ermöglichen. Der grenzüberschreitende Handel mit günstigen Preisen ist ein Vorteil für die Anleger, ob die Initiatoren davon profitieren, wird sich erst noch zeigen.

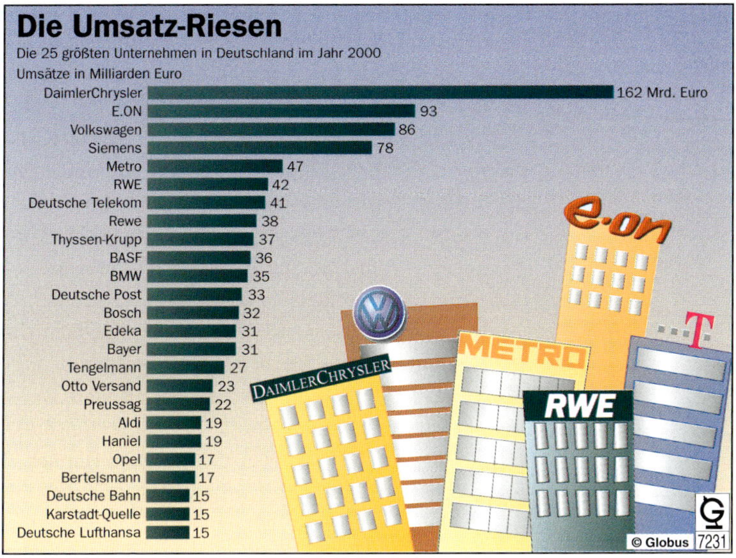

und Verkaufsaufträge auch täglich ausgeführt werden können. Der Geregelte Verkehr wird von amtlichen Maklern oder Freimaklern durchgeführt.

Der *Freiverkehr* ist für Aktien kleiner deutscher Aktiengesellschaften, die die Zugangsvoraussetzungen für den Geregelten Verkehr nicht erfüllen sowie für ausländische Aktien. Im Gegensatz zum Amtlichen Handel und zum Geregelten Verkehr gibt es hier keine börsengesetzlichen Regelungen. Die freiwilligen Bestimmungen lehnen sich jedoch denen des Amtlichen Handels an. Die Zulassung erfolgt durch den Freiverkehrsausschuss. Das Risiko für den Anleger ist hier am größten, da sich in diesem Bereich neben seriösen Unternehmen auch »wackelige« Kandidaten bewegen.

Neben den drei gesetzlichen Marktsegmenten hat jede Börse die Möglichkeit, eigenständige, *privatrechtlich organisierte Segmente* für den Handel zu schaffen. Allen voran bietet die Frankfurter Börse die meisten eigenständigen Handelssegmente. Dazu gehören DAX, MDAX, SMAX und der Neue Markt. Internationale Aktien werden im »XETRA Stars« und Fonds im XTF gehandelt.

Im Amtlichen Handel werden die **Aktien großer und bekannter Unternehmen** gehandelt. Gemessen am Jahresumsatz lag im Jahr 2001 DaimerChrysler an der Spitze der deutschen Unternehmen – im weltweiten Vergleich belegt der Automobilkonzern immerhin noch Platz 5.

Die Deutsche Börse AG hat für die Aufnahme in einen Index wie den DAX oder MDAX spezielle Anforderungen festgelegt. Die jeweiligen Kriterien erläutern wir im Kapitel »Indizes« (siehe S. 108).

Der *SMAX* ist ein Qualitätssegment der Deutschen Börse AG für kleine Unternehmen, die nicht am Neuen Markt notiert sind. Die darin gelisteten Unternehmen sind zu mehr Transparenz und Liquidität im Börsenhandel verpflichtet. Seit 1999 soll SMAX ein Gütesiegel für Unternehmen darstellen, die sich aus der Masse der Nebenwerte hervorheben möchten. Hier können sowohl in- und ausländische Unternehmen, die bereits börsennotiert sind, aufgenommen werden wie auch neue Kandidaten.

Der *Neue Markt* war der Handelsplatz, der seit seiner Einführung im März 1997 für die meiste Aufregung sorgte. Dieser Markt, speziell für Aktien von innovativen Unternehmen aus den typischen Wachstumsbranchen wie EDV, Telekommunikation, Umwelttechnik, Gen- und Biotechnologie usw., hat die höchsten Zulassungsvoraussetzungen. Die Unternehmen des Neuen Marktes müssen zum Geregelten Verkehr zugelassen sein. Sie verpflichten sich zu mehr Transparenz gegenüber den Anlegern durch regelmäßige Quartalsberichte, Analystenveranstaltungen und der Herausgabe wichtiger Unternehmensmeldungen (Ad-hoc-Meldungen). Die Jahresabschlüsse müssen nach internationalen Standards erfolgen. Die Deutsche Börse hat beim Neuen Markt die laufende Liquidität sichergestellt durch mindestens einen Betreuer (Bank) für jede Aktie, der sich verpflichtet hat, jederzeit die Geld- und Briefkurse verbindlich zu stellen.

Die Entwicklung des Neuen Marktes von 1997 bis heute. Der NEMAX All-Share ist ein Index, der alle am Neuen Markt gelisteten Unternehmen berücksichtigt.

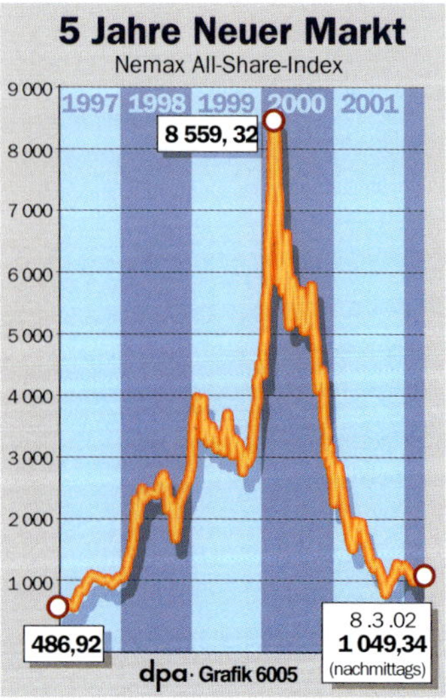

Der Neue Markt, der mit zwei Unternehmen startete, hat inzwischen ein Volumen von mehr als 300 erreicht. Dem steilen Kursanstieg der dort gelisteten Aktien in den Jahren 1999 und Anfang 2000 folgte ein jäher Fall. War ehemals jede Neuemission um ein Vielfaches überzeichnet, ist die Anzahl der Emissionen inzwischen drastisch zurückgegangen. Der ehemalige »Zockermarkt« ist nicht wieder zu erkennen.

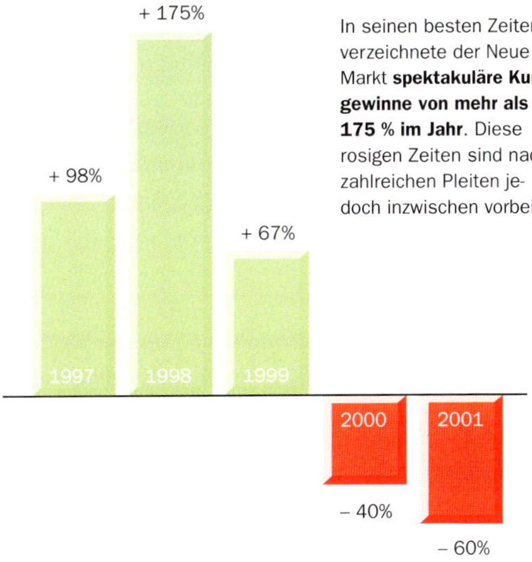

In seinen besten Zeiten verzeichnete der Neue Markt **spektakuläre Kursgewinne von mehr als 175 % im Jahr**. Diese rosigen Zeiten sind nach zahlreichen Pleiten jedoch inzwischen vorbei.

XTF oder Exchange Traded Funds sind die Segmente der Deutschen Börse, an dem börsennotierte Fonds gehandelt werden. Anleger haben dort die Wahl zwischen passiv gemanagten Fonds, die an einen Index angelehnt sind, oder aktiv gemanagten Fonds, die einen entsprechenden Index übertreffen sollten. Der Handel findet fortlaufend und so einfach statt wie bei Aktien. Die Aufnahmebedingungen sind durch die Regeln von XTF vorgegeben.

XETRA European Stars bietet als spezielles Marktsegment die Plattform für alle niederländischen, französischen, belgischen und finnischen Werte, die im Dow Jones Euro Stoxx 50 Index enthalten sind. Bis Ende des Jahres ist die Erweiterung um die italienischen Aktien geplant.

Designated Sponsors

Seit 1998 handeln Betreuer, auch Designated Sponsors, in XETRA die Aktien des Neuen Marktes, MDAX und SDAX. Sie sorgen dafür, dass durch den An- und Verkauf von Aktien börsentäglich verbindliche Preise auch dann für jeden Anleger vorliegen, wenn dies durch Nachfrage und Angebote nicht gegeben ist. Diese Dienstleistung der Sponsoren ist insbesondere für Kleinanleger wichtig. Sie erhöhen die Liquidität für kleinere Titel und in Zeiten eines schwachen Börsenhandels.

An den deutschen und internationalen Börsen werden die unterschiedlichsten Wertpapiere gehandelt. Wie schon kurz dargestellt, unterscheidet man dabei den Kassamarkt, an dem neben Aktien vor allem festverzinsliche Wertpapiere und eine kleine Anzahl von Fonds gehandelt wird, und den Terminmarkt, der dem Handel mit Finanzprodukten wie Optionen und Futures vorbehalten ist.

Die größte Börse der Welt ist der Rentenmarkt

Unter festverzinslichen Wertpapieren versteht man börsennotierte Rentenpapiere, die ein Gläubigerrecht verbriefen. Das heißt, Sie verleihen Ihr Geld zu einem festen Zinssatz. Für den Emittenten (den Schuldner) bedeutet die Ausgabe eines festverzinslichen Wertpapiers die Möglichkeit, sich neben den üblichen Bankkrediten auch von Privat- und institutionellen Anleger/Innen Fremdkapital zu beschaffen. Festverzinsliche Wertpapiere werden auf Grund der jährlichen, rentenmäßigen Zinszahlung auch »Rentenpapiere« und der Ort, an dem diese gehandelt werden, »Rentenmarkt« oder »Rentenbörse« genannt. Die englischsprachige Bezeichnung hierfür lautet »Bond«, in der Schweiz, Österreich und Frankreich heißen sie »Obligationen«.

Um die Investitionen für die Expo 2000 finanzieren zu können, gab die Landeshauptstadt Hannover eine **öffentliche Anleihe** aus mit einem Zinssatz von 6,5 Prozent.

Tritt als Schuldner der Bund oder ein Bundesland auf, dann heißen diese Wertpapiere öffentliche Anleihen oder Obligationen. Ist eine Bank oder Sparkasse der Schuldner, spricht man von Inhaberschuldverschreibungen, Pfandbriefen und Kommunalobligationen. Auch große und namhafte Firmen ebenso wie mittlere Unternehmen beschaffen sich benötigtes Kapital gerne durch Industrieanleihen oder Inhaberschuldverschreibungen.

Immer größeres Interesse finden in Deutschland inzwischen so genannte hochverzinsliche Unternehmensanleihen (High Yield Bonds). Interessant können darüber hinaus auch Auslands- und Staatsanleihen von ausländischen Staaten, Kreditinstituten und Unternehmen sein. Die Aussteller von Rentenpapieren beschaffen sich auf diese Weise mittel- und langfristig große Geldsummen, um bestimmte Vorhaben zu finanzieren. Man bezeichnet sie deshalb als »Emittenten« oder »Schuldner«.

Das festverzinsliche Wertpapier ist nichts anderes als ein Schuldschein. Das heißt, Sie als Anleger/In, in diesem Fall Gläubiger/In genannt, stellen einem der zuvor genannten Emittenten (Schuldner) einen bestimmten Kapitalbetrag für eine bestimmte Zeit zur Verfügung und erwerben damit ein Forderungsrecht auf Rückzahlung und Verzinsung Ihres Kapitals zu den vereinbarten Bedingungen, die jeweils auf dem festverzinslichen Wertpapier als Urkunde festgehalten sind. Die Laufzeit kann zwischen einem und dreißig Jahren betragen.

Festverzinsliche Wertpapiere garantieren Ihnen im Normalfall eine festgelegte Verzinsung während der gesamten Laufzeit. Nach Ende der Laufzeit erhalten Sie Ihr Geld wieder zurück. Den Betrag, den Ihnen der Emittent schuldet, bezeichnet man als Nennwert oder Nominalbetrag; er ist auf der Urkunde, das heißt auf dem festverzinslichen Wertpapier, eingetragen und beträgt in der Regel zwischen 100 und 10.000 Euro.

Zusätzlich ist der Urkunde noch der Zinsscheinbogen beigefügt, der für die jährlichen geplanten Zinszahlungen Kuponabschnitte enthält. Üblicherweise werden Sie festverzinsliche Wertpapiere bei Ihrer Hausbank ins Wertpapierdepot legen. Ihre Bank übernimmt dann die Verwaltung und zahlt Ihnen automatisch die Zinsen bei Fälligkeit auf Ihr Girokonto.

ECU 10000,- Nr.

Deutsche Bank Finance N.V.
Curaçao, Niederländische Antillen
unter der unbedingten und unwiderruflichen Garantie der
Deutsche Bank Aktiengesellschaft,
Frankfurt am Main, Bundesrepublik Deutschland

8⅜% Inhaber-Teilschuldverschreibung
über zehntausend ECU

ECU 10000,-

der 8⅜% ECU-Anleihe von 1992/1999 im Gesamtnennbetrag von dreihundert Millionen ECU (ECU 300000000,-), eingeteilt in
60000 Teilschuldverschreibungen zu je ECU 1000,- Nr. 00001 - 60000,
24000 Teilschuldverschreibungen zu je ECU 10000,- Nr. 60001 - 84000.
Für diese Teilschuldverschreibung gelten die umseitig abgedruckten Anleihebedingungen. Danach verpflichtet sich Deutsche Bank Finance N.V. insbesondere, 8⅜% p. a. Zinsen auf zehntausend ECU zu zahlen und diese Teilschuldverschreibung dem Inhaber bei Fälligkeit bedingungsgemäß einzulösen.
Die Zinsen werden nachträglich am 24. März eines jeden Jahres gezahlt.

Deutsche Bank Finance N.V.
Curaçao, Netherlands Antilles
under the unconditional and irrevocable Guarantee by
Deutsche Bank Aktiengesellschaft,
Frankfurt am Main, Federal Republic of Germany

8⅜% Note to Bearer
for ten thousand ECU

ECU 10,000

of the issue of 8⅜% ECU Notes due 1999 in an aggregate principal amount of three hundred million ECU (ECU 300,000,000), subdivided into
60000 Notes of ECU 1,000 each Nos. 00001 - 60000,
24000 Notes of ECU 10,000 each Nos. 60001 - 84000.
The Conditions of Issue printed on the reverse side hereof are applicable to this Note. Accordingly, Deutsche Bank Finance N.V. undertakes in particular to pay interest at the rate of 8⅜% per annum on ten thousand ECU and duly to redeem this Note from its bearer upon maturity. The interest shall be paid annually in arrears on March 24 of each year.

Curaçao, im März 1992 / in March 1992

Deutsche Bank Finance N.V.

Kontrollunterschrift / Control Signature

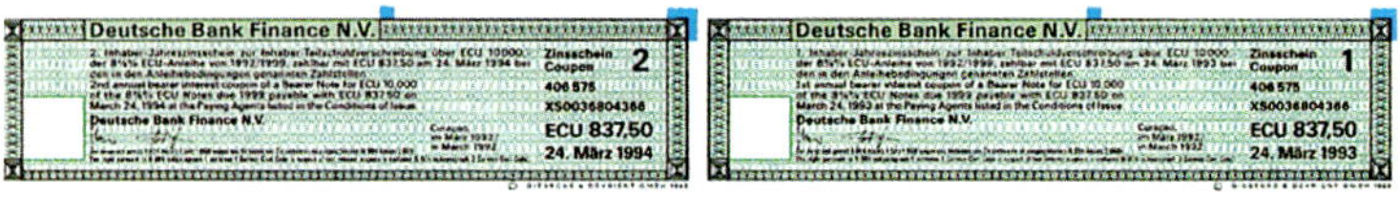

Auch Firmen können festverzinsliche Papiere herausgeben, hier eine **Inhaber-Teilschuldverschreibung der Deutsche Bank Finance N.V**, verzinst mit 8 3/8 Prozent.

Rentenpapiere können über den Rentenmarkt täglich an- und verkauft werden. Ihre Bank sollte Ihnen problemlos eine große Auswahl von Anbietern mit den unterschiedlichsten Konditionen anbieten können. Wenn Sie nun ein Rentenpapier erwerben wollen oder bereits wissen, welches Sie haben möchten, können Sie Ihre Bank beauftragen, dies am Rentenmarkt für Sie zu kaufen. Genauso funktioniert es andersherum, also wenn Sie ein Rentenpapier vor Ablauf der vereinbarten Laufzeit verkaufen möchten. Ihre Bank wird dafür dann einen Käufer oder eine Käuferin an der Börse suchen.

Genau wie bei Aktien gibt es auch bei festverzinslichen Wertpapieren Übersichten, die detailliert aufzeigen, wer der Emittent ist, welche Laufzeiten, Verzinsung und Bonitätseinstufung und vor allem welchen Kurswert ein Papier hat. Denn normalerweise können Sie lediglich bei der Emission eines festverzinslichen Wertpapiers dieses zu 100 Prozent des Nennwertes erwerben. Ansonsten ist der Preis, zu dem Sie ein Rentenpapier erwerben und auch wieder verkaufen können, von mehreren Faktoren abhängig: von Angebot und Nachfrage, von der allgemeinen Zinssituation und von der noch verbleibenden Laufzeit sowie von der Qualität des Emittenten. Der Preis drückt sich dann in einem An- und Verkaufskurs aus, der die 100 Prozent des Nennwertes über- aber auch unterschreiten kann.

Die Mindestanlagesumme liegt bei den meisten Banken zwischen 5.000 und 10.000 Euro. Für den An- und Verkauf werden jeweils 0,5 Prozent, bei ausländischen Rentenpapieren bis zu 1,5 Prozent des Nennwertes sowie Bankspesen in Rechnung gestellt. Zusätzlich haben Banken die Möglichkeit, Kosten wie Telefon- und Faxgebühren als Bankspesen oder als Fixbetrag zu berechnen. Bei ausländischen Papieren schlägt für den Währungsumtausch die Differenz zwischen Geld- und Briefkurs der betreffenden Währung zu Buche. Dies gilt sowohl für den Kauf wie für den Verkauf und genauso für die Zinszahlungen. Hinzu kommen die jährlichen Depotgebühren, die bei den einzelnen Banken

Festverzinsliche Wertpapiere
Wenn Sie ein Rentenpapier (= festverzinsliches Wertpapier) kaufen, gewähren Sie einen Kredit an ein Unternehmen, eine öffentlich-rechtliche Einrichtung oder gar an den Staat. Dafür bekommen Sie jährliche Zinsen, die vorher fest vereinbart sind und am Ende der ebenfalls festgelegten Laufzeit Ihr Geld wieder zurück. Das Risiko bei dieser Anlage liegt darin, dass der Schuldner, auch Emittent genannt, während der Laufzeit oder am Ende nicht genug Geld hat, um die Zinsen oder gar den gewährten Kredit komplett zurück zu zahlen.

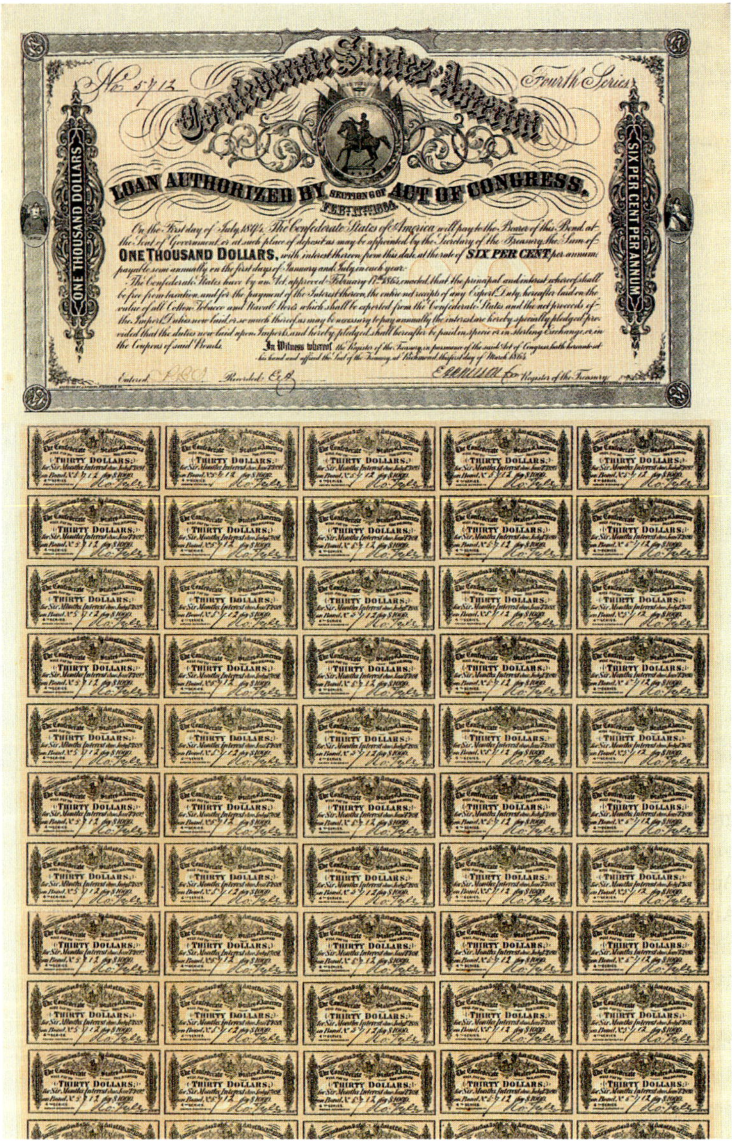

Mit öffentlichen Anleihen wurden in der Vergangenheit häufig auch Kriege finanziert. Dass solche Anleihen stets mit hohem Risiko behaftet sind, liegt auf der Hand. Die Abbildung zeigt eine **Kriegsanleihe der amerikanischen Südstaaten** über 1.000 Dollar mit 6 Prozent Verzinsung. Die Coupons für die Zinszahlungen sind vollständig erhalten.

unterschiedlich sind und durchschnittlich bei 1,15 bis 1,75 Prozent der Depotsumme am Jahresende liegen. Der Mindestpreis liegt zwischen 6 und 50 Euro pro Jahr. All diese Kosten mindern natürlich Ihren Gewinn, denn Sie müssen diese von Ihrem Zinsertrag abziehen, um zu wissen, welchen Ertrag das festverzinsliche Wertpapier Ihnen effektiv bringt.

Festverzinsliche Wertpapiere sind ebenso wie Aktien auch mit Risiken verbunden, die sich erheblich auf den Anlageerfolg auswirken können, etwa durch Kurs- und Währungsschwankungen oder durch die schlechte Bonität des Emittenten. Ein Beispiel dafür sind die Anleihen aus Argentinien, die durch die Landes- und Wirtschaftskrise erheblich an Wert verloren haben.

Massenproteste in Buenos Aires und **Probleme mit der Bonität:** Auf Grund der Staats- und Wirtschaftskrise in Argentinien sind argentinische Staatsanleihen praktisch wertlos geworden.

In der Bonität des Schuldners liegt das größte Risiko bei Rentenpapieren. Die Bonität bedeutet nichts anderes als die Zahlungsfähigkeit des Emittenten (Schuldners). Denn es besteht bei Rentenpapieren immer die Gefahr, dass der Emittent seinen Verpflichtungen zur Zins- oder Rückzahlung nicht nachkommt. Bei dem großen Angebot ist es für den einzelnen Anleger nicht möglich, die Bonität des Emittenten zu beurteilen. Auch Banken nennen Ihnen bei der Vorlage aktueller Angebote selten eine verbindliche hauseigene Risikoeinschätzung. Allenfalls weist man darauf hin, dass das Risiko nicht geprüft wurde.

Bei der Beurteilung von Wertpapieren können spezielle Rating-Agenturen wie »Moody's« oder »Standard & Poor's« Hilfestellung bieten. Diese überprüfen die Bonität der Emittenten und beurteilen die Kreditwürdigkeit und somit die Sicherheit der angebotenen festverzinslichen Wertpapiere. Das Ergebnis spiegelt sich dann in Noten wider. Die beste Note, die für höchste Bonität und Sicherheit steht, ist das »Triple A« oder »AAA«. Die Notenskala, die für Unternehmen wie auch Staaten vergeben wird und deren Bonität nicht nur zur Bewertung festverzinslicher Wertpapiere, sondern auch für Aktien gilt, finden Sie in der nachstehenden Tabelle:

Das Rating oder Die Noten der Prüfer

Standart & Poor´s	Einstufung
AAA AA+ AA AA-	**Sehr gute Anleihen** Beste Bonitätsstufe für Schuldner, höchste Sicherheit auf Rückzahlung von Zinsen und Kapital.
A+ A A- BBB+ BBB BBB-	**Gute Anleihen** Gute Bonitätsstufe, hohe Sicherheit auf Rückzahlung von Zinsen und Kapital, sind aber stärker von der wirtschaftlichen Gesamtlage sowie äußeren Veränderungen abhängig.
BB+ BB BB- B+ B B-	**Spekulative Anleihen** Die Sicherheit auf Rückzahlung von Zinsen und Kapital ist bei Papieren dieser Gruppe als spekulativ einzustufen. Diese Papiere verfügen über gewisse Qualitätsmerkmale, beziehungsweise wurden Sicherheiten gestellt, doch kann auf Grund ungünstiger Entwicklungen die finanzielle Substanz der Schuldner schnell aufgebraucht sein.
CCC+ CCC CC- CC C CI D	**Junkbonds** Die Sicherheit auf Rückzahlung von Zinsen und Kapital ist bei solchen Papieren als höchst spekulativ und unsicher anzusehen, beziehungsweise es können auch schon Zahlungsschwierigkeiten aufgetreten sein.

Ebenso wie Aktien werden festverzinsliche Wertpapiere an der Börse bzw. am Rentenmarkt gehandelt, sie können also jederzeit ge- und verkauft werden. Für Sie als Anleger/in hat dies große Vorteile, denn Sie müssen keine Mindestanlagedauer beachten und können durch Verkauf jederzeit über Ihr Geld verfügen. Eine

Garantie für einen festen Verkaufspreis gibt es jedoch ebenso wenig wie bei Aktien. Das Anrecht auf Auszahlung des Nennwertes zu 100 Prozent haben Sie nur am Ende der Laufzeit, das heißt bei Fälligkeit. Dann ist der Schuldner verpflichtet, Ihnen den auf dem Rentenpapier aufgedruckten Nennwert zu zahlen. Welchen Preis Sie beim zwischenzeitlichen Verkauf bekommen oder für den Ankauf zahlen müssen, wird von der Nachfrage und dem Angebot an der Börse bestimmt sowie von der Veränderung des Zinsniveaus seit Ausgabe des Rentenpapiers. Während der Zins eines festverzinslichen Wertpapiers für die gesamte Laufzeit fest ist, sind die Zinsen des nationalen und internationalen Kapitalmarktes nicht stabil, sondern unterliegen einem ständigen Auf und Ab, je nach Konjunktur sowie Preis- und Inflationsentwicklung; so führen hohe Preise und eine hohe Inflationsrate zu einem hohen Zinsniveau, niedrige Preise, eine schlechte Konjunktur und eine geringe Inflationsrate bewirken niedrige Zinsen. Das bedeutet für Rentenpapiere, dass der einmal festgelegte Zinssatz nicht immer marktgerecht ist. Um dies auszugleichen, passt sich der Preis der Rentenpapiere (= Kurs) ständig den Zins- und Marktentwicklungen an.

Die schwankenden Kurse machen den Kauf und Verkauf eines festverzinslichen Wertpapiers relativ schwierig. Chancen und Risiken liegen dicht beieinander, wenn auch nicht mit solch großen Ausschlägen wie bei Aktien. Doch gibt es auch hier einige wichtige Regeln zu beachten, die erheblich den Erfolg einer Anlage in Rentenpapiere beeinflussen:

Steigen die Zinsen am Kapitalmarkt, sinken die Kurse für ältere, festverzinsliche Wertpapiere, wenn diese mit einem geringerem Zinssatz ausgestattet und somit weniger wert sind als Neu-Emissionen. Deshalb werden die Kurse dieser Papiere über den Börsenhandel angepasst, das heißt, der Verkaufs-/Kaufpreis wird reduziert, damit der Käufer über die nun möglichen Kursgewinne einen Ausgleich erzielen und ihren Ertrag (dann bestehend aus Zins und Kursgewinn) dem aktuellen Ertragsniveau anpasst. Die Verkäufer wiederum bekommen unter Umständen weniger als sie dafür gezahlt haben, was demzufolge ihren Ertrag (Zins minus Kursverlust) mindert.

Umgekehrt, wenn die Zinsen sinken, steigen die Kurse älterer festverzinslicher Wertpapiere, die mit einem höheren Zinssatz seit der Emission ausgestattet sind. Hier freuen sich die Verkäufer, denn sie erzielen neben hohen Zinsen beim Verkauf ferner einen beachtlichen Kursgewinn, der nach einer Mindesthaltedauer von 12 Monaten, ebenso wie bei Aktien, steuerfrei ist. Die Käufer auf der anderen Seite müssen einen hohen Kurs bezahlen, was den Ertrag (Zins minus Kursverlust) für sie schmälert.

Je länger die Restlaufzeit von festverzinslichen Wertpapieren, desto empfindlicher reagieren die Kurse auf die veränderten Zinsen am Kapitalmarkt und umso heftiger fallen die Kursschwankungen aus.

Welche Renditen Sie mit festverzinslichen Wertpapieren erwirtschaften können, hängt demzufolge maßgeblich davon ab, zu welchem Kurs Sie das Rentenpapier erworben haben, wie hoch der Zinssatz ist und vor allem, welche Kosten wie An- und Verkaufs-, Wechselkursgebühr und ggf. Steuern darauf fällig werden. Bedenken Sie dabei bitte, dass weniger der Zinssatz als vielmehr die Rendite nach Verrechnung von Kaufgewinn bzw. -verlust, Gebühren, Steuern und evtl. auch der Inflationsverlust Ihnen zeigt, was Sie bei dieser Anlageform an echtem Ertrag haben.

Neben den bereits genannten Formen von festverzinslichen Wertpapieren, wie Anleihen, Inhaberschuldverschreibungen, Obligationen und Pfandbriefen gibt es noch eine Vielzahl von Varianten, die mit ganz unterschiedlichen Besonderheiten ausgestattet sind und deshalb nicht für jeden Einsatz bzw. für jeden Anleger geeignet sind.

Egal für welche Möglichkeit Sie sich interessieren und entscheiden, wichtig ist, dass Sie sich aus der Vielfalt der angebotenen Produkte das Papier heraussuchen, dass Ihren Anlagewünschen und -zielen am nächsten kommt.

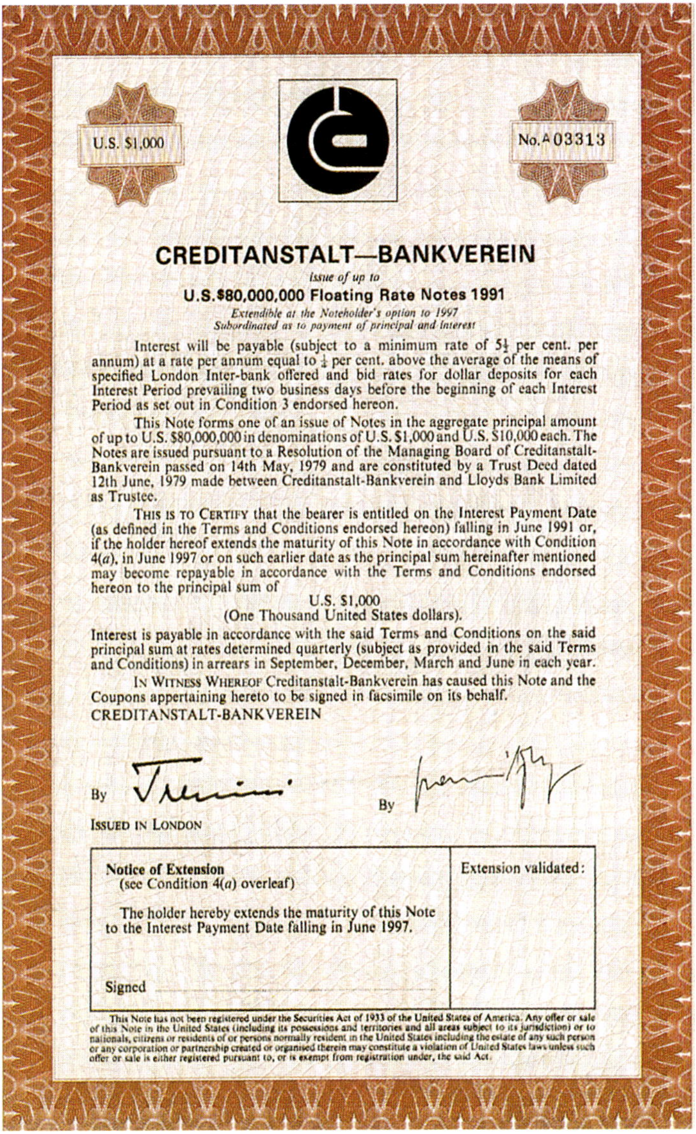

U.S. $1,000

No. A 03313

CREDITANSTALT—BANKVEREIN

issue of up to

U.S.$80,000,000 Floating Rate Notes 1991

Extendible at the Noteholder's option to 1997
Subordinated as to payment of principal and interest

Interest will be payable (subject to a minimum rate of 5¼ per cent. per annum) at a rate per annum equal to ¼ per cent. above the average of the means of specified London Inter-bank offered and bid rates for dollar deposits for each Interest Period prevailing two business days before the beginning of each Interest Period as set out in Condition 3 endorsed hereon.

This Note forms one of an issue of Notes in the aggregate principal amount of up to U.S. $80,000,000 in denominations of U.S. $1,000 and U.S. $10,000 each. The Notes are issued pursuant to a Resolution of the Managing Board of Creditanstalt-Bankverein passed on 14th May, 1979 and are constituted by a Trust Deed dated 12th June, 1979 made between Creditanstalt-Bankverein and Lloyds Bank Limited as Trustee.

THIS IS TO CERTIFY that the bearer is entitled on the Interest Payment Date (as defined in the Terms and Conditions endorsed hereon) falling in June 1991 or, if the holder hereof extends the maturity of this Note in accordance with Condition 4(*a*), in June 1997 or on such earlier date as the principal sum hereinafter mentioned may become repayable in accordance with the Terms and Conditions endorsed hereon to the principal sum of

U.S. $1,000
(One Thousand United States dollars).

Interest is payable in accordance with the said Terms and Conditions on the said principal sum at rates determined quarterly (subject as provided in the said Terms and Conditions) in arrears in September, December, March and June in each year.

IN WITNESS WHEREOF Creditanstalt-Bankverein has caused this Note and the Coupons appertaining hereto to be signed in facsimile on its behalf.

CREDITANSTALT-BANKVEREIN

By By

ISSUED IN LONDON

Notice of Extension (see Condition 4(*a*) overleaf) The holder hereby extends the maturity of this Note to the Interest Payment Date falling in June 1997. Signed	Extension validated:

This Note has not been registered under the Securities Act of 1933 of the United States of America. Any offer or sale of this Note in the United States (including its possessions and territories and all areas subject to its jurisdiction) or to nationals, citizens or residents of or persons normally resident in the United States including the estate of any such person or any corporation or partnership created or organised therein may constitute a violation of United States laws unless such offer or sale is either registered pursuant to, or is exempt from registration under, the said Act.

Eine Sonderform der festverzinslichen Wertpapiere sind die so genannten **Floater**. Hier ein solches Papier **der Schweizerischen Creditanstalt-Bankverein**, das die Zinszahlungen an den Dollarkurs bindet.

Floater sind Anleihen mit variabler Verzinsung; der Zinssatz wird dabei an einen Referenzzinssatz angepasst. Die Kursschwankungen sind bei dieser Art Anleihen nur minimal.
Zerobonds oder Null-Kupon-Anleihen sind Anleihen ohne laufende Zinszahlungen. Die Zinsen werden erst bei Ablauf der Anlagefrist ausgezahlt. Das bedeutet, dass auch evtl. Steuern aus Zinserlösen erst in diesem Augeblick anfallen.
Junk Bonds, also wörtlich übersetzt Müll-Anleihen, sind Anleihen von Emittenten zweifelhafter Bonität; hier sind zwar in der Regel die Zinsen sehr hoch, gleichzeitig muss der Käufer aber damit rechnen, dass der Schuldner am Ende der Laufzeit nicht in der Lage ist, die Anleihen zurückzunehmen.
Wandelanleihen sind ganz normale Anleihen mit laufender Verzinsung. Zusätzlich erwirbt der Käufer das Anrecht, die Wandelanleihe gegen Aktien des ausgebenden Unternehmens einzutauschen. Dies lohnt sich, wenn während der Laufzeit der Anleihe der Aktienkurs steigt. Wandelanleihen haben in der Regel eine relativ niedrige Verzinsung.
Genussscheine sind Wertpapiere, die von Aktiengesellschaften herausgegeben werden. Es gibt verschiedene Typen, die mit unterschiedlichen Ausschüttungen ver-bunden sind. Typ 1 weist laufende Zinszahlungen auf, der Käufer ist aber am Verlust des Unternehmens beteiligt. Typ 2 ist mit einer Mindesausschüttung verbunden, zuzüglich wird ein Bonus gezahlt, wenn die Dividende eine bestimmte Höhe überschreitet. Bei Typ 3 ist die Ausschüttung ausschließlich von der Höhe der Dividende abhängig. Typ 4 knüpft die Ausschüttung an die erzielte Rendite, während Typ 5 Optionen auf Aktien des Unternehmens einschließt.
Stufenzinsanleihen weisen einen Zinssatz auf, der während der Laufzeit in einem festgelegten Rahmen steigt.
Doppelwährungsanleihen werden in einer anderen Währung zurückgezahlt; auch die Zinserträge werden in dieser Währung gezahlt.

Letztendlich entscheidet bei festverzinslichen Wertpapieren eben nicht der Zinssatz, sondern die Nettorendite über den Erfolg Ihrer Anlage. Vergleichen Sie deshalb die einzelnen Angebote miteinander und fragen Sie Ihren Bankberater nach der Rendite nach Kosten und unter Berücksichtigung einer eventuellen Steuerpflicht. Nur die Nettorendite gibt Ihnen Aufschluss darüber, was Ihnen ein festverzinsliches Wertpapier am Ende wirklich bringt. Nutzen Sie die Vielzahl der festverzinslichen Wertapapiere und streuen Sie Ihre Anlagebeträge deshalb auf die verschiedenen Möglichkeiten.

Investmentfonds, die praktische Alternative

Die Anlage in Investmentfonds ist eine gute Alternative, wenn Sie das Anlagerisiko streuen wollen, das heißt, weg von der Direktanlage in einzelnen Aktien oder Rentenpapieren hin zu einer breiten oder sogar weltweit gestreuten Investition. Diese Streuung lässt sich in Investmentfonds schon mit relativ kleinen Beträgen erreichen.

Investmentfonds verwalten die Gelder von vielen Anlegern. Je nach Art der Anlage unterscheidet man Aktienfonds, Rentenfonds, gemischte Fonds, Immobilienfonds, Dachfonds und andere. Bei Aktienfonds hat der Interessent unter anderem die Möglichkeit, gezielt in bestimmte Branchen oder Wachstumsmärkte zu investieren oder für seine Geldanlage einzelne Länder oder Gebiete auszuwählen. Investmentfonds sind bequem und relativ sicher. Die angelegten Gelder werden von einem professionellen Management betreut. Anteile an offenen Investmentfonds können jederzeit zum Tageskurs gekauft oder zurückgegeben werden. Viele Investmentfonds bieten zudem die Möglichkeit, auch regelmäßig kleine Beträge – ab 50 Euro – einzuzahlen. So lässt sich über die Jahre nach und nach ein kleines Vermögen aufbauen.

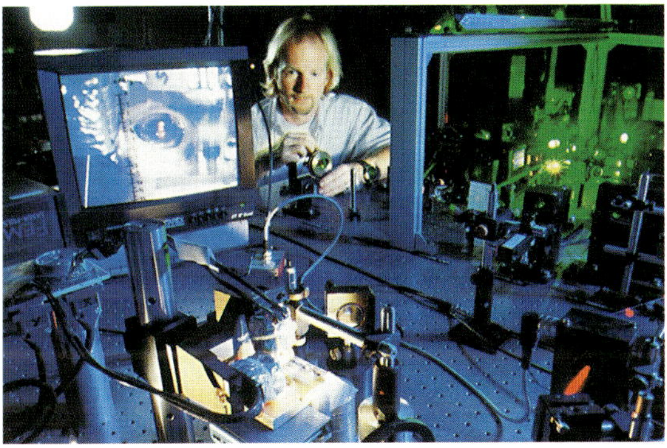

So genannte **Branchenfonds** hatten in den letzten Jahren großen Zulauf, vor allem Zukunftstechnologien mit überdurchschnittlichem Wachstum sind gefragt: Lasertechnik zum Beispiel liefert Basisinnovationen für viele Anwendungen.

Investmentfonds haben, ähnlich wie der Besitz von Aktien, in Deutschland lange Jahre ein Schattendasein geführt. Mit dem Aktienboom seit 1996 haben aber auch sie an Popularität gewonnen. Doch obwohl die deutschen Anleger in den letzten Jahren vermehrt in Fonds investiert haben, liegen sie im internationalen Vergleich immer noch weit zurück.

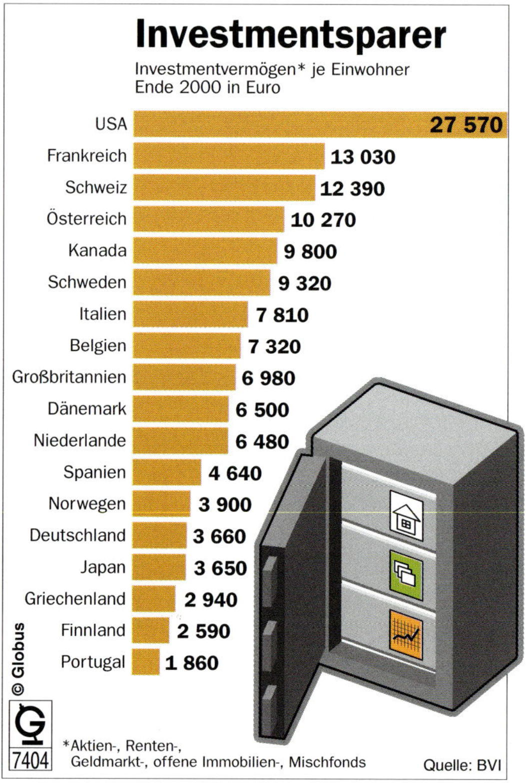

Die **Anlage in Aktienfonds** ist in Deutschland noch immer vergleichsweise unpopulär.

Am beliebtesten ist das Fondssparen in den USA. Ende 2000 hatte jeder US-Bürger durchschnittlich umgerechnet 27.570 Euro bei Investmentfonds angelegt. In Frankreich betrug das Fondsvermögen durchschnittlich 13.000 Euro pro Kopf. Mit nur 3.660 Euro pro Einwohner gehören die Deutschen zu den Investment-Muffeln weltweit. Dass daran die Banken nicht unschuldig sind, liegt auf der Hand. Für sie ist es wesentlich einträglicher, wenn der Anleger sein Geld in Einzeltitel wie Aktien oder Rentenpapiere investiert, die in der Regel viel häufiger umgeschichtet werden, wofür die Bank dem Kunden dann wieder Gebühren in Rechnung stellen kann.

Hatte die Börsenhausse von 1999 und Anfang 2000 den Fonds, hier allen voran den Aktienfonds, noch erhebliche Mittelzuflüsse beschert, so führte der jetzige Salami-Crash wieder zu einem Rückgang. Dies sollte aber nur eine vorrübergehende Erscheinung sein. Private Altersvorsorge und die Suche nach einer attraktiven und pflegeleichten Anlageform lassen hier in den nächsten Jahren einen wachsenden Anlagemarkt erwarten.

Die großen Vorteile von Fonds liegen in der Flexibilität und der jederzeitigen Verfügbarkeit. Bereits mit kleinen Beträgen ab 50 Euro im Monat und ab 1.000 Euro einmalig ist eine Investition jederzeit möglich. Ebenso die Kombination zwischen einem Sparplan mit regelmäßigen Einzahlungen in gleichbleibender Höhe und Einmalzahlungen. Da die Fondsgesellschaften verpflichtet sind, Ihnen Ihr Geld börsentäglich zur Verfügung zu stellen und auf Ihr Konto bei Ihrer Hausbank zu überweisen oder per Scheck auszuzahlen, ist Ihr Kapital jederzeit verfügbar.

Sie können für jedes Anlageziel und jede Zeitdauer einen geeigneten Fonds finden. Wenn Sie Ihre Sparerfreibeträge bereits ausgeschöpft haben, finden Sie beispielsweise in steueroptimierten Renten- und Aktienfonds interessante und ertragreiche Alternativen zu anderen Anlageformen.

Mit Investmentfonds zur Riester-Rente

Seit dem 1. Januar 2002 fördert der Staat das Ansparen einer freiwilligen, privat finanzierten Zusatzrente – der so genannten Riester-Rente – mit Zulagen und Steuervorteilen. Für diese staatliche Förderung stehen viele Optionen zur Wahl, unter anderem der Investmentfondssparplan.

Die Sparraten und die staatlichen Zuschüsse werden – meist gemindert um Ausgabeaufschläge – in besonderen Fonds angelegt. Die Fondsbranche hat mittlerweile reagiert und eine ganze Reihe von speziellen Produkten auf den Markt gebracht, die den besonderen Anforderungen Rechnung tragen, die von staatlicher Seite an die Gewährung der Riester-Förderung geknüpft sind.

Dazu gehört vor allem eine Garantie, dass zumindest das eingezahlte Kapital erhalten bleibt. Des weiteren muss sicher gestellt sein, dass die Auszahlung des angesparten Kapitals nach dem 60/40 Prinzip erfolgt, das heißt, mindestens 60 % müssen in gleichbleibenden oder ansteigenden monatlichen Raten ausgezahlt werden. Die restlichen 40 % lassen sich aufteilen, wobei mindestens die Hälfte in schwankenden monatlichen Raten ausbezahlt wird, der Rest darf zu Beginn des Ruhestands auf einen Schlag auf dem Konto des Sparers landen.

Es gibt derzeit über 5.000 in Deutschland zum Vertrieb zugelassene Fonds. Dies macht die Auswahl für den einzelnen Investor nicht leicht, denn Fehler bei der Fondsauswahl können genauso fatal enden wie bei Einzelinvestitionen in Aktien oder Rentenpapieren. Nur die richtige Auswahl der Fonds, die zu Ihren Anlagezielen, der geplanten Anlagedauer und Ihrer Risikobereitschaft passen, bringt Ihnen den gewünschten Erfolg.

In Fonds können Sie über Ihre Hausbank, über Direktbanken, verschiedene Versicherungsgesellschaften, selten direkt bei den Fondsgesellschaften, über Vermögensverwalter und über unabhängige, qualifizierte Fondsberater investieren. Die Fondsanteile werden dann entweder im Depot einer Bank oder direkt bei den Fondsgesellschaft geführt.

Indexfonds
Die Erfahrung zeigt, dass es nur wenige aktiv gemanagte Aktienfonds schaffen, den Vergleichsindex langfristig zu schlagen. So entstand die Idee, einfach einen Index mehr oder weniger exakt nachzubilden. Zum Modell genommen werden etwa DAX, NEMAX 50, Dow Jones oder andere Indizes. Aufgelegt werden solche Fonds wie andere Aktienfonds auch von Investmentgesellschaften. Sie sind in der Regel kostengünstig, da kein aktives Managment honoriert werden muss.

Eine ganz neue Möglichkeit ist, Fonds – ähnlich wie Aktien und Rentenpapiere – direkt an der Börse zu kaufen und in einem Wertpapierdepot gemeinsam mit Aktien und festverzinslichen Wertpapieren zu lagern. Mit XTF (Exchange trading Funds) bietet die Deutsche Börse AG in Frankfurt ein Marktsegment für den direkten Handel von Fonds an der Frankfurter Börse. Voraussetzung hierfür ist eine Zulassung zum Amtlichen Handel oder Geregelten Markt. Dann werden die Fonds während der gesamten Handelszeit auf dem elektronischen Börsenhandelssystem XETRA und im Präsenzhandel fortlaufend notiert. Der Vorteil für die Anleger liegt im Wegfall des *Kauf-/Ausgabeaufschlages.* Allerdings werden bisher erst ganz wenige Fonds an der Börse gehandelt werden. Derzeit sind es 32 Index- und 11 aktiv gemanagte Fonds.

Dass sich der Fondshandel an den Börsen durchsetzt, ist nicht zu erwarten. Viel attraktiver erscheinen da die neuen Fondsplattformen, die sich derzeit in Deutschland etablieren. Damit können in Zukunft Banken wie auch Vermögensverwalter und vor allem die freien und unabhängigen den Anlegern ähnliche oder gar noch bessere Handelsvorteile und vor allem eine weit aus größere Auswahl für Fonds bieten. Dies wird jedoch noch einige Zeit dauern, da die Einrichtung der Plattformen gerade erst begonnen hat.

Terminhandel, Futures und Optionen

Der Terminhandel mit seinen unterschiedlichen Spielarten hat seinen Ursprung in den Rohstoff- und Warenmärkten. Bei dieser Urform der Börse schließen die Produzenten von Waren und Rohstoffen mit den Abnehmern einen Kontrakt über die Preise und Mengen ab, die zu einem bestimmten Zeitpunkt in der Zukunft gelten sollten. Die Produzenten wollten sich damit gegen sinkende Preise schützen, die Abnehmer einen Preisanstieg vermeiden. Festgelegt wird in einem solchen Kontrakt der Zeitpunkt der Lieferung, der Preis und die Menge. In den seltensten Fällen werden solche Kontrakte indessen geschlossen, um tatsächlich die betreffende Ware abzunehmen, sondern viel eher, um in der Hoffnung auf steigende Preise den Kontrakt mit Gewinn weiterzuverkaufen. Die Gewinnmöglichkeiten können sehr groß sein, aber das Verlustrisiko ebenso.

Der **Warenterminhandel** ist weltweit ein wichtiger Bestandteil der Handelssysteme. Nicht nur Rohstoffe wie Gold, Silber oder Öl werden hier angeboten, auch Nahrungsmittel und landwirtschaftliche Produkte wie Getreide, Kaffee, Zucker oder Baumwolle sind vertreten. Das Angebot ist von Börse zu Börse unterschiedlich.

Meist sind es Telefonverkäufer, die Ihnen anbieten, bei diesem Geschäft mitzumischen, was Sie aber tunlichst bleiben lassen sollten. Ob Sie ins Spielkasino gehen oder sich mit dem Terminhandel an der Börse beschäftigen, ist egal. In beiden Fällen können Sie viel gewinnen, aber auch alles verlieren. An der Börse spielen Sie allerdings nicht gegen die »Bank« wie im Spielkasino, sondern gegen einen Partner, der anderer Meinung ist als Sie.

Die Möglichkeiten für einen Gewinn oder Verlust liegen gerade im Terminhandel ganz nah beieinander. Wer die richtige Entwicklung vorhersagt, gewinnt. Wer falsch liegt, hat nicht die geringste Chance, noch eine Änderung herbeizuführen. Er muss zum vereinbarten Termin das Geschäft ausführen, egal was er dabei verliert.

Natürlich können Sie beim Terminhandel mit einem kleinen Einsatz ein Vermögen machen – aber nur, wenn Sie die Hintergründe, Möglichkeiten und Fallen kennen. Nicht umsonst müssen Sie bei jeder Bank und bei jedem Brokerhaus eine Erklärung unterschreiben, dass Sie »termingeschäftsfähig« sind, das heißt, dass Sie sich über die Risiken beim Börsentermingeschäft informiert haben.

Hektischer Betrieb an der **größten Warenterminbörse der Welt in Chicago**: Im Termingeschäft locken große Gewinne, aber gerade Börsenneulinge sollten sich davon nicht verführen lassen.

Ohne Grundwissen geht es insbesondere beim Terminhandel überhaupt nicht. Auch wenn Sie bisher beim Aktienhandel ein gutes Gespür bewiesen und positive Ergebnisse erzielt haben, kann dies beim Terminhandel ganz anders sein.

Unser nachstehender Überblick stellt lediglich eine Einführung dar. Sofern Sie aktiv im Terminhandel tätig werden wollen, empfehlen wir Ihnen, zuvor Seminare zum Handel mit Optionsscheinen und Futures zu besuchen, die beispielsweise von Börse Online zusammen mit der EUWAX aus Stuttgart regelmäßig in verschiedenen Städten angeboten werden und wichtiges Grundwissen vermitteln.

Der Terminmarkt

Was hier gehandelt wird, sind Optionen und Futures. Im Unterschied zu Aktien und Rentenpapieren sind dies keine Aktien im eigentlichen Sinn, sondern, den Kontrakten im Warenterminhandel vergleichbar, vertragliche Vereinbarungen, deren Wert von Aktien- oder Indexständen und ihrer Entwicklung abängt. Deshalb werden sie auch »Derivate« genannt (von engl. to derive = ableiten).

Mit solchen Derivaten können beispielsweise Risiken abgesichert werden, die sich aus Geschäften am Kassamarkt, also beim Handel mit Aktien, festverzinslichen Wertpapieren und Fonds ergeben.

Die weltweit größte Terminbörse ist EUREX, die im Dezember 1996 von der Deutschen Börse AG und der Schweizer Börse ins Leben gerufen und durch die Fusion der ehemaligen Deutschen Terminbörse DTB und der SOFFEX (Swiss Options and Financial Futures Exchange) im Jahr 1998 gegründet. Hier handeln inzwischen mehr als 400 Teilnehmer mit einem Volumen von fast 700 Millionen Kontrakten.

Der Kauf und Verkauf von Derivaten kann nur über Finanzdienstleister erfolgen, die zum Handel an einer Terminbörse zugelassen sind.

Optionen und Futures – zwei Arten von Derivaten

Mit einer *Option* erwerben Sie das Recht, einen Basiswert – das kann eine Aktie oder eine Währung sein – zu einem bestimmten Zeitpunkt und zu einem bestimmten Preis zu kaufen oder zu verkaufen. Optionen haben immer eine festgelegte Laufzeit, an deren Ende sie verfallen. Um das Recht ausüben zu können, müssen Sie eine Optionsprämie bezahlen. Diese ist wesentlich geringer, als wenn Sie Aktien oder Währungen direkt kaufen würden, so dass Sie mit einem kleinen Kapitaleinsatz einen ansehnlichen Gewinn erzielen können – sofern Sie richtig getippt haben. Wenn nicht, ist Ihr Kapitaleinsatz weg. Und dies kann sehr schnell gehen. Kaufen Sie deshalb nie blind eine Option, so günstig sie Ihnen auch erscheinen mag. Informieren

Sie sich umfassend über die Möglichkeiten und vor allem über die Risiken.

Optionen können Sie als Kauf- (Calls) und als Verkaufsoptionen (Puts) erwerben. Ein Call gibt Ihnen das Recht, aber ohne Verpflichtung, einen Basiswert zu einem im voraus festgelegten Preis am Ende oder während der Optionslaufzeit zu kaufen. Umgekehrt können Sie mit einem Put, ohne Verpflichtung, einen Basiswert zu einem im voraus festgelegten Preis am Ende oder während der Laufzeit verkaufen.

Der Handel mit Optionen ist für den Börsenneuling nicht leicht zu begreifen.

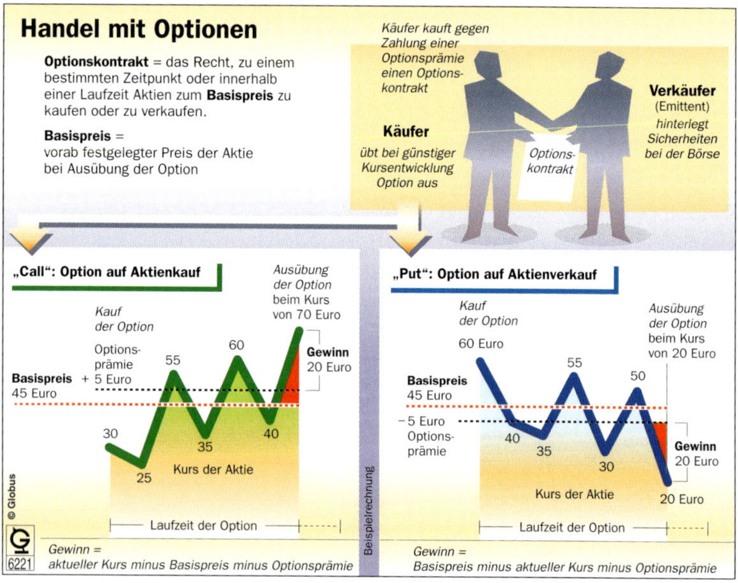

Beide, Call und Put, können darüber hinaus während ihrer Laufzeit jederzeit ge- und verkauft werden, ohne dass die damit verbundenen Rechte ausgeübt werden.

Oft kauft man eine Kauf- oder eine Verkaufsoption, um sein Aktiendepot gegen künftige Kursverluste zu schützen. Entsprechende Optionen werden von vielen Banken in Deutschland und auf dem internationalen Finanzmarkt angeboten.

Eine Verkaufsoption berechtigt Sie, Ihre Aktien zu einen bestimmten Kurs zu verkaufen, auch wenn der tatsächliche Börsenkurs niedriger liegt. Diese Absicherung kostet Geld, denn die Option hat ihren Preis. Dieser liegt jedoch wesentlich niedriger als der zu erwartende Verlust. Am Ende der Laufzeit des Optionsscheines

Was passiert wenn...

	Call-Schein	Put-Schein
...die Volatilität an den Börsen zunimmt	steigt	steigt
...der Kurs des Basiswertes steigt	steigt	fällt
...die Restlaufzeit abnimmt	fällt	fällt
...die Dividende einer Aktie steigt	fällt	steigt

können Sie entscheiden, ob Sie die Option ausüben wollen. Ist der Börsenkurs entgegen aller Erwartungen nicht gefallen, sondern gestiegen, das heißt der Kurs Ihrer Aktien liegt über dem Verkaufspreis der Option, werden Sie diese natürlich nicht ausüben, sondern verfallen lassen. Dann ist zwar der Kaufpreis der Option für Sie verloren, doch da dieser in der Regel nicht sehr hoch ist, schmälert er lediglich geringfügig Ihren Gewinn.

Umgekehrt können Sie sich durch eine Kaufoption einen festgelegten, niedrigen Preis für eine Aktie sichern, wenn Sie mit Kurssteigerungen rechnen.

Beispiel: Sie rechnen für eine Aktie mit einer Kurssteigerung. Deshalb erwerben Sie von einem Anbieter eine Option auf diese Aktie mit dem Recht, sie nach 6 Monaten für 100 Euro kaufen zu können. Diesen Wert nennt man Basispreis. Für die Option zahlen Sie 5 Euro. Steigt nun der Wert der Aktie bis zum Ende der Laufzeit auf 110 Euro und Sie können sie für 100 Euro kaufen, haben Sie einen Gewinn von 5 Euro, nach Abzug der Kosten für die Option erzielt, wenn Sie die Aktie sofort nach dem Kauf wieder verkaufen.

Die Option ist in diesem Fall »im Geld« (in the money). Würde der Kurs am Ende der Laufzeit genau beim Basispreis, also nur bei 100 Euro liegen, wäre die Option »beim Geld« (at the money) und wenn er darunter liegt, also unter 100 Euro, dann wäre die Option »aus dem Geld« (out of money).

Die Gewinnschwelle (break-even-point) für Ihre Absicherung liegt bei 100 Euro Basispreis plus 5 Euro Kaufpreis der Option. Das heißt, wenn der Kaufkurs über 105 Euro liegt und Sie vor allem direkt wieder verkaufen oder die Aktie einen nachhaltigen, weiteren Kursanstieg hat, haben Sie einen Gewinn erzielt. Ihre Prognose oder Wette ging auf.

In den meisten Fällen werden Optionen jedoch nicht erworben, um diese auszuüben, vielmehr wird damit eine reine Spekulation verbunden. Da sich der Preis einer Option bei einer Veränderung des Basiswertes überproportional stärker nach oben oder unten verändert, nennt man diesen Effekt »Hebelwirkung«. Diese Hebelwirkung kann dazu führen, dass der Preis der Option um ein Vielfaches höher steigt als der Basispreis. Und dafür interessieren sich Spekulanten.

Die Spekulation bei einer Option soll mit einem kleinen Kapitaleinsatz für den Optionspreis und dem »richtigen Riecher« einen Riesengewinn bringen. Beliebt sind dabei Spekulationen auf einen steigenden oder fallenden DAX oder auf Währungen wie Euro oder US-Dollar. Dabei spielt die ausgebende Bank einer Option gegen Sie. Aber die Bank gewinnt immer, und wenn es nur die Kaufgebühren sind. Wenn Sie mit Ihrer Wette falsch liegen, verlieren Sie am Verfallstag der Option den Kaufpreis zuzüglich Kaufgebühren.

Im Gegensatz zur Option gehen bei *Futures*, auch Terminkontrakte genannt, beide Vertragsparteien eine feste Verpflichtung ein. Das heißt, sie verpflichten sich, eine festgelegte Menge zu einem bestimmten Fälligkeitstermin und zu einem festen Preis zu liefern beziehungsweise abzunehmen.

Bei Futures unterscheiden wir zwischen Financial-Futures, die sich auf Aktienindizes, Währungen oder Zinsen beziehen. Commodity-Futures hingegen beziehen sich auf Produkte wie Rohstoffe oder landwirtschaftliche Erzeignisse wie Reis oder Kaffee.

Die Pflichten der beiden Vertragspartner bezeichnet man als »Long-Positions«, wenn Sie bei Fälligkeit den vereinbarten Preis zahlen und den Basiswert abnehmen

WKN	Typ	Basiskurs	Laufzeit	Ratio
537713	Call	EUR 4750	08.03.2002	0,01
537714	Call	EUR 5000	08.03.2002	0,01
537725	Call	EUR 5000	14.06.2002	0,01
537726	Call	EUR 5250	14.06.2002	0,01
537727	Call	EUR 5000	14.06.2002	0,01
537722	Put	EUR 4750	08.03.2002	0,01
537721	Put	EUR 5000	08.03.2002	0,01
537733	Put	EUR 4750	14.06.2002	0,01
537732	Put	EUR 5000	14.06.2002	0,01
537731	Put	EUR 5250	14.06.2002	0,01

Angebot von **Optionsscheinen** auf den DAX.

müssen. »Short-Position« bedeutet, den Basiswert zu liefern und dafür im Gegenzug den vereinbarten Kaufpreis zu erhalten.

Betrachten Sie den Terminmarkt niemals als »Wettbüro« oder »Spielkasino«!

Das Geschäft mit Optionen und Futures kann viel Gewinn bringen, aber auch zum Totalverlust führen. Der Handel damit ist für Kleinanleger und Börsenneulinge nicht geeignet. Sofern Sie sich dafür interessieren, besuchen Sie ein Informationsseminar und klären Sie mit einem kundigen Bankberater, wie Sie diese Anlageform für sich optimal nutzen können.

Der Aktienmarkt in Deutschland

Die Börse in Deutschland, allen voran die Frankfurter Wertpapierbörse, hat eine sehr lange Tradition. Im Jahr 1585 gegründet, hat sie sich zu einem der führenden internationalen Handelsorte für Aktien und Anleihen entwickelt. Sie ist damit die viertgrößte Wertpapierbörse weltweit. Und doch sind die Deutschen ein Volk ohne nennenswerte Aktienkultur. Aktienvermögen in privater Hand ist nach wie vor vergleichsweise wenig verbreitet. Gut ein Drittel der Anleger/Innen haben ihr Geld noch immer auf dem Sparbuch, als Festgeld oder gar auf dem Girokonto deponiert. Ebenso beliebt sind Lebensversicherungen und Bausparverträge.

Versicherungen, Investmentzertifikate und das eigene Haus rangieren bei den Deutschen weit vor dem Erwerb von Aktien, wenn es darum geht, **das Ersparte anzulegen**.

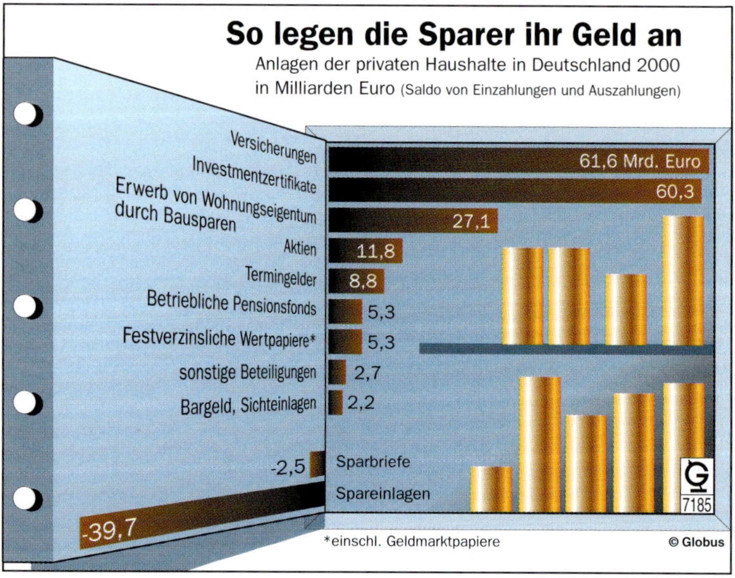

Mit vielfältigen PR-Maßnahmen wurden die Anleger bei der **Börseneinführung der Deutschen Telekom** 1996 umworben. Eine Uhr zeigt die verbleibende Zeit bis zum Börsenstart.

Erst mit dem Börsengang der Deutschen Telekom 1996 und der damit verbundenen Werbung packte auch die Deutschen das Aktienfieber. Solange der Trend steil nach oben ging, wuchs die Zahl der Aktionäre und Aktienfondsbesitzer.

Gab es 1997 in Deutschland erst 5,6 Millionen, so stieg die Zahl 1998 schon auf 6,8 Millionen, 1999 auf 8,2 Millionen, im Jahr 2000 bereits auf über 11 Millionen und für das erste Halbjahr 2001 stellte das Deutsche Aktieninstitut fast 13,5 Millionen Deutsche fest, die Aktien oder Aktienfonds besitzen. Dies entspricht 21 Prozent der Bevölkerung über 14 Jahre – ein neuer Höchststand. Wie nachhaltig diese Entwicklung ist, wird sich noch zeigen. Trotz der gestiegenen Quote liegt Deutschland noch weit hinter anderen Ländern zurück und hat einen erheblichen Aufholbedarf. Aber nachdem die Notwendigkeit einer privaten Altersvorsorge und die langfristige Attraktivität der Aktien und Aktienfonds als Vermögensanlage deutlich ist, rechnen wir mit einer weiteren Steigerung, auch wenn die aktuelle Unsicherheit und das gemischte Klima an den Börsen noch keine gute Grundlage dafür bieten.

Erst einmal begann 1996 für viele Anleger/Innen der Traum, an der Börse schnell und viel Geld zu verdienen – bei den dauerhaft niedrigen Zinsen war eine

Alternative sowieso längst überfällig! Also weg mit dem Sparbuch und her mit der Aktie! Wenn doch alles so einfach wäre! So wenig, wie sich viele Anleger bis dahin überhaupt mit dem Thema »Aktie« als Anlagemöglichkeit auseinandergesetzt haben, so unreif haben sie dann auch investiert. Gerade junge Anleger kauften plötzlich Emissionen am Neuen Markt, suchten in Zeitschriften und Börsensendungen nach heißen Tipps und lauschten hingebungsvoll den Wor-ten sogenannter »Börsengurus«. Auch wenn einige Finanzmagazine und Nachrichtensender dem Anleger vorgaukelten, dass jede Investition in Aktien erfolgreich sein kann, mussten die meisten seit Mitte 2000 andere Erfahrungen machen. Was über zwei Jahre gut lief, hatte nichts mit Aktienkultur oder überlegten Investitionen zu tun. Leider wurden – wie so oft – die Risiken und Nachteile, die mit jeder Anlageform, ganz besonders mit Aktien, verbunden sind, in den Hintergrund gedrängt. Euphorie, Hektik und Gier sind Triebfedern, die selten einen nachhaltigen Erfolg bringen. Es wurde ohne System gezockt und spekuliert und dies alles mit dem Hintergrund schnell reich zu werden. Das wurden eher andere: die Emissionsbanken, Finanzzeitschriften, Börsengurus und die Nachrichtensender.

Aktienauswahl nach dem Zufallsprinzip und die Teilnahme am Losverfahren bei einer Neuemission hat nichts mit Strategie oder mit sinnvollem Investieren zu tun. Dies konnten Anleger in den letzten zwei Jahren schmerzlich erfahren. Die Baisse, zuletzt Salami-Crash, zeigt deutlich, dass es an der Börse nicht nur in eine Richtung geht und dass Sie sich für das Thema »Aktie« und »Aktienfonds« weniger wegen eines schnellen Gewinnes, also für »heiße Spekulationen« interessieren sollten, als vielmehr für die Möglichkeit, mit einer Investition in Aktien und Fonds langfristig das eingesetzte Geld lukrativ zu vermehren. Doch um dies zu erreichen, benötigen Sie erst einmal einige Informationen darüber, was eine Aktie ist, wie Sie Aktien erwerben können und worauf Sie bei der Auswahl achten sollten, wenn Sie an der Börse reich werden wollen.

Die Entwicklung der Telekom-Aktie – ein Kapitel deutsche Börsengeschichte

Ron Sommer, Ex-Vorstandsvorsitzender der Deutschen Telekom.

Nach dem fulminanten Börsenstart des größten Telekommunikationsunternehmens 1996 geriet der Kurs der Telekom-Aktie seit 2001 schwer unter Druck: Auf einen Höchststand von mehr als 80 Euro Mitte 2000 hat die T-Aktie inzwischen den Ausgabekurs noch unterschritten. Ungeachtet der abstürzenden Kurse und schmilzenden Dividenden gewährte sich der Vorstand indessen eine kräftige Erhöhung seiner Bezüge.
Anläßlich der Hauptversammlung der Telekom 2002 äußerte die Schutzvereinigung für Wertpapierbesitz unverhohlene Kritik: Die Kursentwicklung des Unternehmens sei eine »Katastrophe« für die Aktienkultur in Deutschland. Was Vorstand und Werbung im Herbst 1996 versprochen hätten, nämlich mit der T-Aktie ein solides Wachstumspapier zu schaffen, das sogar als Altersvorsorge geeignet ist, habe sich als Schall und Rauch erwiesen. Die Schutzvereinigung ging sogar so weit, die Telekom-Aktie als »Zockerpapier« zu bezeichen, das vor allem den kleinen Anlegern schweren Schaden zugefügt habe.
Schwere Vorwüfe an die Unternehmensführung also, und der Unmut ist verständlich. Teure Firmenzukäufe, immense Aufwendungen für den Poker um die UMTS-Lizenzen und schließlich nicht korrekt erfasstes Immobilienvermögen in der Bilanz belasten das Unternehmen in wirtschaftlich ohnehin nicht rosigen Zeiten. Erste Konsequenz aus der negativen Entwicklung: die Ablösung des Vorstandsvorsitzenden Ron Sommer.

Hauptversammlung 2002 der Deutschen Telekom: Das Management der Telekom habe alles getan, eine »Wachstumsstory zu präsentieren« referierte Ron Sommer.

Aktie ist nicht gleich Aktie. Und bevor Sie sich für einen Aktienkauf entscheiden, sollten Sie schon wissen, welche Rechte und Pflichten damit für Sie verbunden sind. Ebenso ist die Frage der Steuern, der möglichen Erträge und vor allem der Handelbarkeit für Sie von Wichtigkeit, wenn Ihre Aktienanlage erfolgreich sein soll.

Was ist eine Aktie?

Aktien sind mehr oder weniger phantasievoll bedruckte Papiere, mit deren Kauf Sie einen Anteil und Rechte am Grundkapital einer Aktiengesellschaft erwerben. Damit werden Sie »Mitunternehmer/In« an dieser Gesellschaft mit allen Rechten und Pflichten.

Mit der Ausgabe von Aktien bezweckt das ausgebende Unternehmen, (weiteres) Eigenkapital für (zusätzliche) Investitionen, Firmenerweiterungen und/oder den Aufbau neuer Technologien und Entwicklungen einzusammeln. Das heißt, Sie als Käufer/In übernehmen ein (auf den Einsatz) begrenztes finanzielles Risiko, genau wie jeder Unternehmer. Entsprechend sind Sie am Gewinn und auch am Verlust dieser Gesellschaft di-

Die grafische Gestaltung von Aktien erinnert auch heute noch oft an Geldscheine.

rekt beteiligt. Die Höhe der Beteiligung hängt vom Nennwert der betreffenden Aktie ab. Eine Aktie wird jedoch nicht zum Nennwert, sondern vielmehr zu einem aktuellen Kurswert gehandelt. Dieser spiegelt wider, wie Analysten, Investoren und Interessenten die Marktpositionen des Unternehmens, den Gewinn und die zukünftigen Geschäftsentwicklungen einschätzen. Je höher der Kurs, umso besser werden die Unternehmensdaten und -gewinne beurteilt.

Wertpapierkennnummern

Jede Aktie trägt eine Wertpapierkennnummer, mit der sie eindeutig identifiziert werden kann. Im April 2003 sollen die alten Wertpapierkennnummern durch einen neuen, internationalen Code ersetzt werden. Damit wird der grenzüberschreitende Aktienhandel erleichtert. Die alte WKN wird durch die europaweit gültige ISIN (International Securities Identification Number) ersetzt. Entgegen der alten numerischen WKN setzt sich die ISIN aus einem zwölfstelligen alphabetisch-numerischen Code zusammen, der jeweils mit der zweistelligen Länderabkürzung anfängt. Für Deutschland steht demnach »DE«, danach folgen jeweils drei Nullen, dann die ursprüngliche WKN sowie eine Prüfziffer. ISIN ist in Spanien, Italien und den skandinavischen Ländern bereits eingeführt.

Dies ist aber nur bei einer Erstausgabe von Unternehmensaktien sowie bei einer Kapitalerhöhung, also der Ausgabe von weiteren Aktien, direkt für das Unternehmen von Bedeutung, denn nur dann fließt das Geld der Anleger/Innen auch tatsächlich dem Unternehmen zu. Ansonsten findet der Handel nur zwischen Käufern und Verkäufern statt, und das Geld wandert zwischen beiden hin und her. Das setzt voraus, dass es immer zwei Personen mit unterschiedlichen Meinungen geben muss: die eine erwartet von dem Unternehmen weitere Gewinne, also einen Kursanstieg der Aktie und möchte kaufen. Die andere rechnet mit weniger Gewinn oder gar mit Verlusten, also einem Kursrückgang der Aktie und möchte verkaufen.

Einmal jährlich findet die Hauptversammlung einer Aktiengesellschaft statt. Dabei berichtet der Vorstand und ggf. der Aufsichtsrat über das abgelaufene Geschäftsjahr, die Unternehmensentwicklung, die zu-

Die Rechte der Aktionäre, die mit einem Aktienbesitz verbunden sind:

Anspruch auf Dividenden = Gewinnbeteiligung
Mitsprache- und Abstimmungsrecht bei der Hauptversammlung
Auskunftsrecht gegenüber Vorstand und Aufsichtsrat
Bezugsrecht für junge Aktien
Anspruch auf Anteile am Liquidationserlös

künftigen Planungen sowie über das Geschäftsergebnis. Die Aktionäre entscheiden dann über die Entlastung des Vorstandes und des Aufsichtsrates für die geleistete Tätigkeit, wählen die Vertreter aus den eigenen Reihen, die dem Aufsichtsrat angehören sollen, und bestimmen über Änderungen der Unternehmenssatzung und den vorgelegten Jahresabschluss.

Die Teilnahme an der jährlichen **Hauptversammlung** gehört zu den Rechten eines Aktionärs.

Aber noch wichtiger als die zuvor genannten Punkte ist das Recht der Aktionäre auf die Dividendenausschüttung, sofern das Unternehmen Gewinn macht. In schlechten Jahren wird die Dividendenzahlung meist gekürzt oder gar eingestellt, bis es dem Unternehmen wieder besser geht. Auch in guten Jahren schütten die meisten Unternehmen jedoch nicht den gesamten Bilanzgewinn an die Aktionäre aus, sondern investieren bis zu 50 Prozent wieder in das Unternehmen, bilden betriebliche Rücklagen für spätere Investitionen oder setzen ihn als Risikopolster ein.

Bei reinen Wachstumsunternehmen werden normalerweise keine oder nur geringe Dividenden ausgeschüttet, da der zur Verfügung stehende Gewinn voll investiert wird und für das weitere Wachstum der Gesellschaft verwendet werden kann. Dies ist auch unter steuerlichen Gesichtspunkten für Sie besonders interessant.

Shareholder Value

Dieser Begriff kommt aus den USA, wo Unternehmen immer mehr dafür sorgen, eine »aktionärsfreundliche« Unternehmenspolitik zu betreiben. Shareholder Value heißt »mehr Wert für Aktionäre«. Die Unternehmen konzentrieren sich deshalb darauf, den Wert der Firma zu steigern, etwa indem sich die Aktivitäten auf das ertragreiche Kerngeschäft beschränken. Dazu gehört auch der Verkauf wenig rentabler Unternehmenszweige oder Tochtergesellschaften, meist auch eine leistungsabhängige Vergütung der Konzernspitze und vor allem eine offene Informationspolitik gegenüber den Aktionären.

Wird die Ausschüttung des Gewinnes beschlossen, so erhält jeder Aktionär eine Dividendenzahlung entsprechend seines Aktienanteils. Auf der Hauptversammlung kann auch eine Kapitalerhöhung für weitere notwendige Maßnahmen innerhalb des Unternehmens beschlossen werden. Dann hat ein Aktionär ein Bezugsrecht, ebenfalls entsprechend seines Aktienanteils. Mit dem Bezugsrecht sind drei Optionen verbunden: Der Aktionär kann das Bezugsrecht ausüben, das heißt, die ihm zustehenden Aktien erwerben, darüber hinaus kann er weitere Bezugsrechte kaufen, er kann aber seine Bezugsrechte auch an der Börse zum Verkauf anbieten.

Die wichtigsten Gründe für einen Aktienkauf

- Interesse an einer Gewinnbeteiligung (Dividendenausschüttung) des Unternehmens
- Erzielen von Kursgewinnen
- Einflussnahme oder gar Übernahme eines Unternehmens bei Großaktionären

Wird bei der Hauptversammlung die Auflösung des Unternehmens beschlossen oder werden Vermögenswerte verkauft, so haben Aktionäre Anspruch auf einen Anteil des Liquidationserlöses, ebenfalls entsprechend ihres Aktienbestandes.

Welche Aktienformen gibt es?

Bei Aktien unterscheiden wir verschiedene Varianten, je nach der Art der damit verbrieften Rechte, dem Grad der Übertragbarkeit und der Art der Zerlegung des Grundkapitals.

Ist die Grundlage die Zerlegung des Grundkapitals, dann spricht man von Nennwert- oder Stückaktien. *Nennwertaktien* lauten auf einen bestimmten Betrag, mindestens 1 Euro oder ein Vielfaches davon. Der Nennwert zeigt die Höhe der Beteiligung am Grundkapital der Gesellschaft an und ist nicht zu verwechseln mit dem Kurswert, das heißt dem Betrag, zu dem die Aktien an der Börse gehandelt werden. Der Kurswert spiegelt das Verhältnis von Angebot und Nachfrage wider. Damit werden die Erwartungen der Anleger zum Ausdruck gebracht, die diese an die Unternehmens- und Gewinnentwicklung des betreffenden Unternehmens haben.

Im Zuge der Umstellung von D-Mark auf Euro ergaben sich Probleme bei der Umrechnung des Nennwertes bestehender Ausgaben, da der Nennwert nur auf volle Beträge lauten darf. Eine Aktie mit einem Nennwert von 5 DM hätte durch die Umrechnung einen Nennwert von 2,55646 Euro gehabt. Aus diesem Grund wurden bereits 1998 das Aktienrecht dahingehend geändert, dass auf DM lautende Nennwert-Aktien im Zuge der Euro-Umstellung in *Stückaktien* ohne Wertangabe gewandelt wurden. Von dieser Möglichkeit haben inzwischen viele Unternehmen Gebrauch gemacht. Wahrscheinlich wird die Stückaktie als nennwertlose Aktie zukünftig die Nennwertaktie komplett ersetzten. Die Stückaktie drückt den Anteil am Grundkapital der Gesellschaft nicht in einem Betrag, sondern nur prozentual zum Zeitpunkt der Begebung aus.

Eine Unterscheidung bei Aktien erfolgt darüber hinaus nach der Möglichkeit, diese zu übertragen. Hier unterscheiden wir zwischen Inhaber-, Namens- und vinkulierte Namensaktien. Normalerweise werden Aktien als *Inhaberaktien* ausgegeben. Diese enthalten keine Namensangaben des Aktionärs und werden

Auch das **Disney-Imperium** wird an der Börse gehandelt, hier eine **Inhaberaktie** mit einem Nennwert von 10 Francs der Euro Disneyland S.C.A. in Paris.

beim Kauf und Verkauf lediglich durch einfache Einigung und Übergabe übertragen.

Bei *Namensaktien* werden die Namensangaben des Aktionärs im Aktionärsbuch (Namensregister) der Gesellschaft eingetragen (Indossament). Bei jedem Kauf oder Verkauf müssen die Daten neu eingetragen beziehungsweise geändert werden.

Namensaktien können darüber hinaus auch mit Bedingungen verbunden sein, um etwa eine unkontrollierte Übernahme zu verhindern. Damit kann das Unternehmen die Struktur der Aktionäre überwachen. Die Übertragung einer vinkulierten Namensaktie kann nur mit Zustimmung des Unternehmens erfolgen.

Ein weiteres Unterscheidungsmerkmal bei Aktien sind die damit verbundenen Rechte. Hier gibt es zwei Formen, die Stamm- und die Vorzugsaktie. *Stammaktien,* auch »Stämme« genannt und mit »ST« abgekürzt, haben bei den Aktionärsversammlungen (= Hauptversammlung) volles Stimm- und Auskunftsrecht.

Neben den Stämmen gibt es die *Vorzugsaktien,* kurz »Vorzüge« genannt und mit »Vz« abgekürzt. Diese Aktien sind mit Sonderrechten, meist einer höheren oder garantierten Dividende (Gewinnausschüttung)

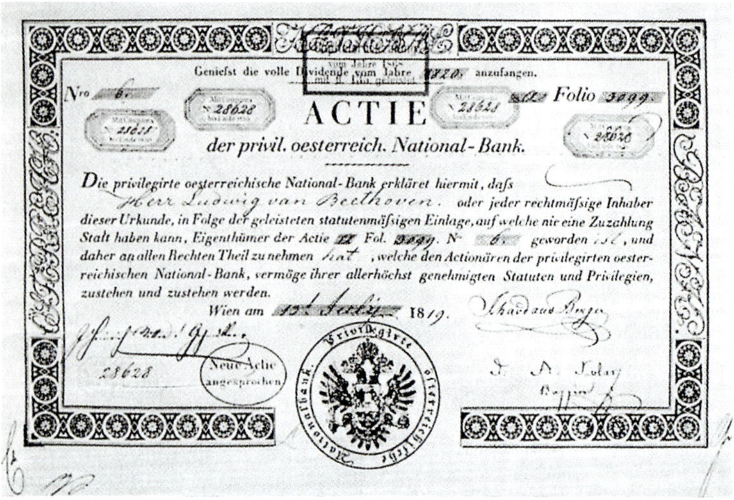
Geniefst die volle Dividende vom Jahre 1820 anzufangen.

Nro 6. Folio 3099.

ACTIE

der privil. oesterreich. National-Bank.

Die privilegirte oesterreichische National-Bank erkläret hiermit, dafs Herr Ludwig van Beethoven. oder jeder rechtmäfsige Inhaber dieser Urkunde, in Folge der geleisteten statutenmäfsigen Einlage, auf welche nie eine Zuzahlung Statt haben kann, Eigenthümer der Actie Fol. 3099. N. 6. geworden ist, und daher an allen Rechten Theil zu nehmen hat, welche den Actionären der privilegirten oesterreichischen National-Bank, vermöge ihrer allerhöchst genehmigten Statuten und Privilegien, zustehen und zustehen werden.

Wien am 1819.

Neue Actie angesprochen

Eine Namensaktie der Österreichischen Nationalbank, die auf einen prominenten Anteilseigner verweist: sie stammt aus dem Besitz des Komponisten Ludwig van Beethoven.

oder einer Bevorzugung beim Liquidationserlös, versehen. Die Bevorzugung bei der Ausschüttung wird aber durch ein eingeschränktes Stimmrecht bei der Hauptversammlung erkauft. Die Ausgabe von Vorzugsaktien wird häufig von Aktiengesellschaften gewählt, die noch in Familien- oder Gründerbesitz sind und durch die Ausgabe von Vorzügen zwar das Eigenkapital der Gesellschaft erhöhen, ihre Entscheidungsbefugnis aber nicht einschränken lassen wollen. Der Wegfall des Stimmrechts drückt sich bei Vorzugsaktien meist negativ im Kurswert aus. Dieser liegt oft bis zu 10 Prozent unter dem der Stammaktien. Die Nachfrage nach Vorzugsaktien ist nicht so groß und sie werden deshalb auch immer seltener von Unternehmen ausgegeben.

Darüber hinaus haben Unternehmen noch die Möglichkeit, neben den Stammaktien und Vorzügen ihre Mitarbeiter am Unternehmen zu beteiligen. Dies geschieht durch die Ausgabe von *Mitarbeiter-* oder *Belegschaftsaktien.* Der Vorteil liegt darin, dass die Mitarbeiter die Unternehmensaktien zu einem wesentlich niedrigeren Preis erwerben können, als sie an der Börse gehandelt werden. Oft ist mit dem Erwerb eine zeitliche Verkaufssperre verbunden. Dann dürfen Mitarbeiter die günstig erworbenen Aktien erst nach einer genau festgelegten Zeit frei an der Börse verkaufen (Sperrfrist). Diese Form der Mitarbeiterbeteiligung wird durch die staatliche Sparförderung im Rahmen der vermögenswirksamen Leistungen unterstützt.

Vor allem große Unternehmen bieten ihren Arbeitern und Angestellten diese Anlageform an. Die Belegschaftsaktien sollen die Indentifikaiton mit dem Unternehmen und den Einsatz für seine Weiterentwicklung fördern. Belegschaftsaktien bieten den Mitarbeitern bei einer guten und langfristigen Wertentwicklung des eigenen Unternehmens und den damit verbundenen Kurssteigerungen die kostengünstige Möglichkeit, sich ein kleines Aktienvermögen aufzubauen. Diese Möglichkeit nutzen inzwischen immerhin schon mehr als 1 Million Arbeitnehmer und Arbeitnehmerinnen in Deutschland.

Stamm- oder Vorzugsaktie?
Die beschriebene Unterteilung der Aktien führt bei Anlegern immer wieder zur Verwirrung, welche Aktien sie denn nun wirklich in Händen halten. Normalerweise sind dies Stammaktien als Stückaktien, wenn kein Wert in Euro ausgewiesen ist, und als Inhaberaktie handelbar, wenn kein Name vermerkt wurde.

Wo und wie Sie Aktien erwerben können

Um Aktien erwerben zu können, müssen Sie einer *Bank* oder einem *Brokerhaus* den Auftrag dazu, auch Order genannt, erteilen. Denn zum Kaufen und Verkaufen von Aktien an der Börse benötigen Sie einen Broker (Händler) mit einer Börsenzulassung. Ihnen privat ist es leider nicht gestattet, direkt einen Auftrag an der Börse abzugeben.

Inhalt einer Order

- ✓ **Name der Aktie**
- ✓ **Stückzahl**
- ✓ **WKN**
- ✓ **Preis**
- ✓ **Handelsplatz**

Größere Geschäftsbanken verfügen über eigene, an der Börse zugelassene Händler. Sie können aber auch ab einer bestimmten Anlagesumme, Minimum 25.000 Euro, den direkten Weg über spezialisierte Brokerhäuser in Deutschland gehen, ohne eine Bank einzuschalten. Beide geben dann über ihre Händler bei den Börsenmaklern ihre Aufträge ab. Doch inzwischen haben viele Banken keine direkte Vertretung in der Präsenzbörse mehr, da die meisten Aufträge per Computer, beispielsweise über den XETRA-Handel, abgewickelt werden. Aber auch beim Computerhandel ist das Bindeglied zwischen Ihnen und der Börse immer noch ein Händler. Hier entfällt lediglich der Makler für die Präsenzbörse.

Über wen Sie die Kauf- und Verkaufsaufträge (Order) erteilen, ist davon abhängig, für welche Bank oder Brokerhaus Sie sich entschieden haben. Dort wird dann auch Ihr Wertpapierdepot geführt. Dieses ist unerlässlich, weil man Ihnen die Aktien nur auf ausdrücklichen Wunsch direkt aushändigt. Ebenso wie größere Mengen Bargeld sollten Wertpapiere an einem sicheren Ort aufbewahrt werden.

Für die *Depotführung* entstehen Ihnen jährlich Kosten, auf die wir nachfolgend noch besonders eingehen. Banken oder Brokerhäuser stellen Ihnen jährlich oder auf Wunsch eine Auflistung Ihrer Wertpapiere zur Verfügung, ebenso die notwendigen steuerlichen Unterlagen.

Was gehört in eine Order?

Haben Sie sich für eine Bank oder ein Brokerhaus entschieden, können Sie mit dem Aktienhandel beginnen! Sowohl *Kauf-* als auch *Verkaufsorder* sollten folgende wichtigen Daten enthalten, damit Sie nicht Gefahr laufen, dass Sie nicht das bekommen, was Sie auch wollen.

Der *Name der Aktie* gehört in den Auftrag und auch die Angabe, ob als Stamm- oder Vorzugsaktie. Außerdem gehört dazu die Wertpapierkennnummer. Denn nur über diese sechsstellige Zahl, auch WKN oder WPKN genannt, kann eine Aktie eindeutig identifiziert werden.

Fast alle großen Geschäftsbanken beschäftigen **eigene Händler**, die an der Börse zugelassen sind.

Der *Preis*, zu dem Sie eine Aktie erwerben oder verkaufen können, wird an der Börse ausgehandelt. Geben Sie Ihre Order unlimitiert oder mit dem Zusatz »billigst« oder »bestens«, wird der Handel auf jeden Fall ausgeführt, da Sie mit diesem Zusatz jeden sich am Markt herausbildenden Kurs akzeptieren.

Bei großer Nachfrage und wenigen Angeboten oder im umgekehrten Fall kann es deshalb schnell vorkommen, dass Sie damit ohne es zu wollen nicht unerhebliche Kursunterschiede akzeptieren. Besser ist es deshalb, eine Preisunter- oder eine Preisobergrenze festzusetzen, zu der Sie verkaufen oder kaufen wollen. Geben Sie also an, dass der Kaufpreis einen Betrag x nicht überschreiten bzw. beim Verkaufspreis nicht unterschreiten darf! Dann sind Sie vor unliebsamen Überraschungen geschützt. Man nennt dies *Limit-Order*. In diesem Fall kommt die Transaktion nur zustande, wenn die von Ihnen gesetzte Preisgrenze eingehalten werden kann.

Die Order können Sie zeitlich begrenzen. Normal sind die Tagesorder oder die Ultimo-Order, die entsprechend bis zum Ende des Monats gültig ist. Nach Ablauf kann die Limit-Order verlängert werden.

Aber nicht nur bei gezielten Käufen oder Verkäufen ist es sinnvoll, sich vor unliebsamen Überraschungen zu schützen. Im elektronischen Handel ist es generell möglich, für die Aktien in Ihrem Depot vorsorglich eine automatisierte Order an Bank oder Brokerhaus in Auftrag zu geben. Dazu müssen Sie genau definieren, wo ihr Kauf- oder Verkaufslimit (Stop-loss-Limit) liegt.

Der *Stop-buy*-Kurswert definiert, dass eine Aktie erst dann gekauft werden soll, wenn sie einer steigenden Tendenz folgt und eine durch Ihr Limit festgelegte Grenze durchbrochen hat. Das Gegenstück ist die *Stop-loss*-Order. Hier können Sie zur Sicherung von bereits erzielten Gewinnen den Kurswert festlegen, der bei Unterschreitung, beispielsweise durch einen Kursrutsch, den Verkaufsauftrag auslöst.

Kursentwicklung
Ob Sie einen Gewinn mit Ihren Aktien erzielen, hängt vom Kursverlauf ab. Dieser entsteht durch die Gegenüberstellung von Angebot und Nachfrage. Eine hohe Nachfrage führt zu steigenden Kursen, eine sinkende Nachfrage zu Kursrückgängen. Ob die Nachfrage höher ist als das Angebot oder umgekehrt, ist abhängig von unterschiedlichen Faktoren. Diese Faktoren können fundamental, psychologisch oder gar volkswirtschaftlich bedingt sein.

Aber in beiden Fällen kann es auch unliebsame Überraschungen geben. »Ausgestoppt« ist hier das Stichwort. Das bedeutet, dass eine Aktie an einem Tag einen Verlust verzeichnet, der Ihre Verkaufsorder auslöst, um dann vielleicht einige Tage später zu weiteren Höhenflügen anzusetzen. Dann sind Sie Ihre Aktie los, zwar mit einem schönen Gewinn, jedoch ohne bei den weiteren Kurssteigerungen dabei zu sein. Deshalb darf gerade bei der Stopp-loss-Order die Verkaufsgrenze nicht zu nahe am Kurswert festgesetzt werden.

Wenn Sie eine Kauf- oder Verkaufsorder abgeben, müssen Sie selbst entscheiden, an welcher Börse diese ausgeführt werden sollen. Denken Sie daran, dass es acht verschieden Börsenplätze in Deutschland gibt und Sie über Bank oder Broker auch direkt im Ausland kaufen können (was jedoch meistens wegen den höheren Gebühren wenig sinnvoll ist). Es ist manchmal erstaunlich, wie unterschiedlich ein und dieselbe Aktie an den verschiedenen Börsen in Deutschland gehandelt wird. So kann eine Nokia-Aktie in Frankfurt günstiger zu bekommen sein als beispielsweise in München, weil am Main das Angebot größer ist.

Doch die Frankfurter Börse muss nicht immer der beste Handelsplatz sein. Aus Kostengründen und wegen der Schnelligkeit ist der XETRA-Handel an der Frankfurter Börse interessant, doch können die Mindestabnahmemengen bei DAX- und MDAX-Werten von 100 Stück für Sie als Kleinanleger auch nachteilig sein. Deshalb lohnt sich auf jeden Fall ein Blick zu den kleineren, regionalen Börsen, die für Kleinanleger oft günstigere Preise im Parketthandel bieten. Fragen Sie Ihre Bank danach und geben Sie bei Ihrer Order auf jeden Fall den Auftrag, die Angebote der unterschiedlichen Handelsplätze miteinander zu vergleichen und den günstigsten Anbieter zu wählen.

Bei Ihrer Order sollten Sie auch angeben, ob diese an einer traditionellen *Präsenzbörse* oder auf dem elektronischen Börsenhandelssystem *XETRA* ausgeführt werden soll. Bei beiden ist der Handel börsentäglich zwischen 9.00 und 20.00 Uhr möglich. Die Werte im DAX werden inzwischen zu mehr als 90 Prozent über XETRA gehandelt.

Ihr Auftrag muss auch die *Anzahl* der gewünschten Aktien enthalten. Inzwischen gibt es eine Mindestanzahl nur noch bei den Werten in DAX und MDAX, die im XETRA gehandelt werden. Trotzdem sollten Sie, je nach Höhe der Mindestkaufgebühren, eine entsprechende Mindestanzahl ordern. Wie hoch diese sein sollte, können Sie sich selbst ausrechnen bzw. fragen Sie Ihre Bank oder Ihr Brokerhaus danach.

Über die laufenden Abwicklungen, also den An- und Verkauf der Aktien, erhalten Sie jeweils eine Ausführungsbestätigung. Ihre Aktien werden sowohl bei der Bank als auch im Brokerhaus in einem Depot geführt. Am Jahresende erhalten Sie eine Gesamt-Depotaufstellung, die Auskunft gibt über den Bestand an Aktien, Rentenpapieren und Fonds.

NOKIA

Je nachdem, an welchen Aktien Sie interessiert sind, können **unterschiedliche Börsen** für Sie interessant sein. So kann eine Nokia-Aktie in Frankfurt aufgrund des größeren Angebots beispielsweise günstiger zu bekommen sein als in München.

Kleiner Einkaufsführer für Anleger

Wie beim täglichen Einkauf sollte man auch beim Aktienkauf die Preise vergleichen. Durch die Wahl der richtigen Börse läßt sich Geld sparen. Hier eine Übersicht über die besten Handelsplätze für deutsche und ausländische Aktien:

DAX, die 30 größten Werte	XETRA	www.xetra.de
MDAX, wichtige Nebenwerte	Frankfurt	www.deutsche-boerse.de
SDAX, kleine Nebenwerte	Frankfurt	www.deutsche-boerse.de
NEMAX 50, die größen Werte	XETRA	www.xetra.de
Andere NEMAX-Werte	Frankfurt	www.deutsche-boerse.de
EuroStoxx50, die größten Euro-Werte	Stuttgart	www.boerse-stuttgart.de
Dow Jones, die größten US-Werte	Berlin	www.berlinerboerse.de
NASDAQ 100: große US-Technologie-Werte	Berlin	www.berlinerboerse.de
Osteuropäische Werte	Berlin	www.berlinerboerse.de
Asiatische Werte	München	www.bayerischeboerse.de
Optionsscheine	Stuttgart	www.euwax.de

Gebühren und Spesen

Der Handel mit Wertpapieren, egal ob Aktien, Rentenpapiere, Fonds oder Optionen, kostet Geld. Wie viel das ist, hängt von einer Reihe von Faktoren ab und diese können Sie in gewissen Grenzen durchaus beeinflussen. Die Gebühren sind von Bank zu Bank und bei den Brokerhäusern sehr unterschiedlich, aber vor allem auch verhandelbar. Grundsätzlich gilt: Je größer der Anlagebetrag, um so eher sind Banken wie auch Brokerhäuser bereit, die Gebühren zu senken. Daneben kann sich für den Investor aber auch die Konkurrenz auf dem Anlagemarkt günstig auswirken. Seit einigen Jahren bieten Discountbroker oder Direktbanken für Kunden günstige Möglichkeiten, Aktiendepots (ebenso Rentenpapiere, Fonds und Optionsscheine) zu führen. Dafür entfällt meist jedoch die Beratung, und alle Aufträge müssen über Internet/Computer oder Telefon abgewickelt werden. Die aktive und teilweise aggressive Art der Discountbroker und -banken, Kunden zu gewinnen, hat innerhalb der deutschen Bankenlandschaft zu einem kleinen Preiskrieg geführt. Details finden Sie im Kapitel »Den richtigen Partner finden« (siehe S. 130 ff).

Für jeden Kauf und Verkauf fallen bei allen Anbietern Gebühren an. Zusätzlich entstehen noch Depotgebühren und Spesen, im Auslandsgeschäft schlagen die Kosten für Devisenumtausch zu Buche.

Die Gebühren im Überblick

- Für den An- und Verkauf werden zwischen 0,3 und 1,5 Prozent vom Kurswert als Provision von den Banken und Brokerhäusern in Rechnung gestellt. Bei einer Order im Ausland kann diese bis zu 3 Prozent betragen.

- Hinzu kommt die Courtage für die Börsenmakler, die 0,4 Promille bei DAX-Werten und bei allen anderen Aktien 0,8 Promille des jeweiligen Kurswertes beträgt. Bei ausländischen Aktien ist dieser Betrag je nach Börse unterschiedlich. Wenn der Auftrag im XETRA-Handel ausgeführt wird, entfällt diese Courtage.

- Zusätzlich werden Kosten für die Auftragsabwicklung, beispielsweise Telefon- und Faxgebühren, meist in Form eines Fixums für allgemeine Bankspesen erhoben, das bis zu 5 Euro pro Ausführung betragen kann.

- Bei ausländischen Aktien können noch Gebühren von 0,18 bis 0,75 Prozent für Clearing (= Auslandstransfer), Devisenumtausch und sonstige Auslagen hinzu kommen.

- Die Depotgebühren werden sehr unterschiedlich berechnet. Es gibt einige Dirketbanken, die Depots kostenlos führen, andere Banken berechnen Pauschalgebühren von mindestens 50 Euro pro Jahr oder machen die Gebühren prozentual abhängig von der Depotgröße.

- Für die Ausführung einer Limit-Order werden nochmals zwischen 2 und 5 Euro verlangt.

- Oft werden auch Buchungsposten pro Wertpapier und Kosten für die Erträgnisaufstellung in Rechnung gestellt.

Sie sehen, Ihre Aktien müssen bei der höchsten Gebührenbelastung erst einmal eine ansehnliche Wertentwicklung von 5 bis 8 Prozent haben, damit Sie alle mit Kauf und Verkauf sowie Verwahrung zusammenhängenden Gebühren abdecken. Erst wenn die Kursentwicklung darüber liegt, können Sie von einem Gewinn sprechen.

Gebühren und Spesen können den Ertrag Ihres Aktiendepots nicht unerheblich mindern. **Vergleichen Sie** deshalb unbedingt die Konditionen unterschiedlicher Anbieter!

Bezugsrecht, Aktiensplit und Aktienrückkauf

Wenn eine Aktiengesellschaft ihren Geschäftsumfang erweitern will, kann sie bei einer Hauptversammlung die Erhöhung des Grundkapitals durch die Ausgabe weiterer Aktien beschließen lassen. Sofern dies erfolgt, haben Sie als Aktionär ein gesetzliches *Bezugsrecht* auf diese »jungen Aktien« im Verhältnis zu Ihrer bisherigen Beteiligung. Der Bezugspreis liegt dabei meist unter dem aktuellen Börsenkurs der alten Aktien. Junge Aktien sind normalerweise nicht voll dividendenberechtigt und notieren an der Börse daher unter dem Kurs der alten Aktien. Aber nur so lange, bis auch sie voll dividendenberechtigt sind, was in aller Regel nach einem Jahr der Fall ist.

Das Bezugsrecht garantiert Ihnen, dass sich Ihr Anteil am Grundkapital des Unternehmens nicht verändert. Sie bekommen entsprechend Ihrer bisherigen Aktienanzahl eine feste Anzahl junger Aktien zugesagt und haben nun drei Optionen:

Sie können die Ihnen zustehenden jungen Aktien zu dem günstigeren Preis erwerben, weitere Bezugsrechte auf junge Aktien erwerben oder Ihr Bezugsrecht an der Börse an andere Interessenten verkaufen. Für welche Möglichkeit Sie sich entscheiden wird wohl von der bisherigen Kursentwicklung und den Aussichten des Unternehmens abhängen.

Ein *Aktiensplit* bedeutet nichts anderes als die Aufteilung der bisherigen teuren Aktien auf mehrere billigere. Dies wird meist dann durchgeführt, wenn ein optisch zu hoher Börsenkurs vorliegt. Splits sind vor allem in den USA üblich, da dort bereits ein dreistelliger Aktienkurs als zu hoch empfunden wird: Sobald ein Aktienkurs die 100-Dollar-Marke überschreitet, kann mit einem Aktiensplit gerechnet werden.

Beim einem Split im Verhältnis 2 : 1 heißt das, Sie besitzen zukünftig statt einer Aktie zwei, und der Kurswert wird gleichzeitig halbiert. Für Sie persönlich und in Bezug auf Ihren Anteil am Gesamtkapital des Unternehmens ändert sich also gar nichts. Hatten Sie vorher beispielsweise 40 Aktien zu einem Kurswert von 100 Dollar, so haben Sie nach dem Split 80 Aktien zu einem Kurswert von 50 Dollar. Der Wert Ihrer Beteiligung hat sich nicht verändert.

Durch einen Aktiensplit versuchen Unternehmen lediglich, den Kaufpreis für interessierte Anleger/Innen »günstiger« zu machen. Meist ist mit einem zu erwartenden oder erfolgten Aktiensplit auch eine Kurssteigerung der Aktie verbunden. Planen Unternehmen einen Aktiensplit, wird das oft rechtzeitig in den Medien veröffentlicht, so dass sich interessierte Anleger frühzeitig für einen Einstieg entscheiden können.

Der *Aktienrückkauf* eröffnet einem Unternehmen ganz neue Gestaltungsmöglichkeiten. Hier erfolgt nicht nur eine Herabsetzung des Eigenkapitals, es können gleichzeitig die Rendite und die Aktienkurse erhöht werden. Dies ist jedoch nur möglich, wenn genügend liquide Mittel vorhanden und keine weitere Investitionen geplant sind. Der Aktienrückkauf wird vor allem in den USA häufiger praktiziert, inzwischen ist er aber auch in Deutschland gelegentlich zu beobachten. Mit einem Aktienrückkauf kann das Unternehmen überschüssige, liquide Mittel abbauen, er schützt aber auch vor einer unerwünschten Übernahme. Nach einem Aktienrückkauf verbessert sich sichtlich das Unternehmensergebnis und die Dividende je Aktie steigt.

Aktienrückkäufe wurden in Deutschland erst interessant, nachdem die steuerlichen Voraussetzungen dafür geschaffen waren. Das heißt, die Gewinne sind denen aus einem normalen Aktienerwerb gleichgestellt und nach Ablauf der Spekulationsfrist von 12 Monaten steuerfrei.

Damit sich größere Aktienrückkäufe nicht auf den Kurs auswirken, erfolgt der Rückkauf in aller Regel in kleineren Schritten über die Börse, wobei kein Anleger gezwungen ist, seine Aktien zu verkaufen.

Aktien und ihre Erträge

Es gibt zwei gute Gründe, Aktien zu erwerben. Einmal steht die regelmäßige Einnahme in Form von Ausschüttungen im Vordergrund. Für die meisten Anleger ist jedoch der zu erzielende Kursgewinn der wichtigste Grund für einen Aktienkauf, normalerweise mit einem langfristigen Anlagehorizont. Für andere ist lediglich ein kurzfristiger Kursgewinn interessant (Spekulanten, Daytrader).

Die Gewinnausschüttung an die Aktionäre bezeichnet man als *Dividende*. Die Ausschüttung erfolgt nach der Hauptversammlung, bei der die Höhe des Gewinnes festgestellt und dessen Verwendung beschlossen wird. Doch nicht alle Unternehmen schütten ihren Gewinn aus. Vor allem bei jungen Unternehmen aus Zukunftsbranchen wie Technologie, Biotechnologie etc. sowie so genannten Wachstumsunternehmen werden Gewinne meist für weitere Investitionen benötigt und verbleiben

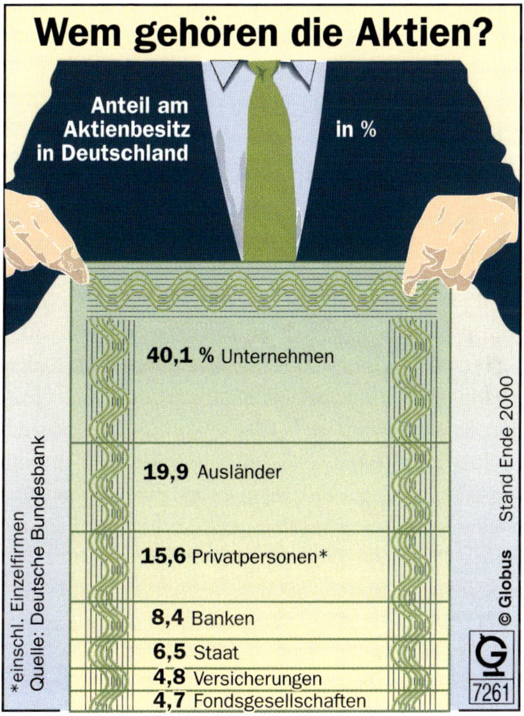

Die meisten Aktien befinden sich nach wie vor **im Besitz von Unternehmen**.

deshalb im Unternehmen. Dividenden sind steuerpflichtige Einnahmen und deshalb für viele Anleger weniger interessant als die erhofften *Kursgewinne*.

Kursgewinne entstehen immer dann, wenn sich nach dem Kauf der Aktie das Unternehmen weiterhin positiv entwickelt, damit die Nachfrage nach dessen Aktien und infolgedessen auch der Kurs steigt. Einen echten Gewinn haben Sie allerdings nur, wenn Sie die Aktien verkaufen, ansonsten entsteht er nur auf dem Papier. Wann der richtige Zeitpunkt für einen Verkauf ist, lässt sich nur schwer vorhersagen und ist von vielen verschiedenen Faktoren abhängig. Auf dieses Thema gehen wir im Kapitel »Die richtige Strategie« (siehe S. 138 ff) noch näher ein. Der große Vorteil von *langfristigen Kursgewinnen* ist die Steuerfreiheit, die eintritt, wenn die Aktie vor dem Verkauf länger als ein Jahr in Ihrem Besitz war.

Performance
Mit dem Begriff »Performance« wird der prozentuale Gewinn oder Verlust eines Wertpapiers dargestellt. Dabei werden sowohl die Kurssteigerungen als auch die -verluste sowie die Dividenden oder Zinsauszahlungen berücksichtigt, nicht aber die mit dem An- und Verkauf sowie der Verwahrung verbundenen Kosten.

Diese Steuerfreiheit interessiert Spekulanten oder Daytrader allerdings weniger. Sie sind vielmehr am »schnellen Geld« interessiert. Die Zeit von 1999 bis Anfang 2000, als es fast täglich eine Neuemission gab, war ideal für diese Art von Anlegern. Da fast jede Neuemission vielfach überzeichnet und auf Grund dieser großen Nachfrage in den ersten Tagen oder Wochen ein Kursanstieg vorprogrammiert war, konnten Spekulanten, sofern sie bei Neuemissionen eine Zuteilung bekamen oder in den ersten Tagen nach der Emission einstiegen, innerhalb kurzer Zeit gute bis sehr gute Gewinne einstreichen. In Phasen mit stark steigenden Kursen lassen sich mit kurzfristigen Trades (Handel) Kursgewinne erzielen und mitnehmen. Kurzfristige Kursgewinne, die innerhalb von 12 Monaten realisiert werden, unterliegen jedoch der Spekulationssteuer, was unter Umständen den Ertrag schmälern kann.

Derzeit ist das Spiel mit dem »schnellen Geld« nicht mehr ganz so einfach. Es gab bereits im Jahr 2001 kaum noch Neuemissionen und auch in der ersten Hälfte 2002 sieht es es nicht viel besser aus. Die Börsen sind sehr volatil, das heißt, sie verzeichnen starke, kurzfristige Schwankungen. Um diese für kurzfristige Kursgewinne nutzen zu können, braucht man mehr als nur ein gutes Gespür. Hier liegen derzeit Gewinn- und Verlustmöglichkeiten sehr eng beieinander, so dass die Anzahl der Anleger, die sich in diesem Bereich tummeln, rapide abgenommen hat.

Aktien und die Steuer

Einkünfte, die mit Aktien erzielt werden, unterliegen der Steuerpflicht, wenn auch differenziert. Wie zuvor bereits kurz angesprochen, ist die Steuerpflicht bei den einzelnen Einkunftsmöglichkeiten einer Aktienanlage sehr unterschiedlich. Hinzu kommt, dass zum 1. Januar 2002 noch eine neue Steuerreglung in Kraft getreten ist, die die bisherige Handhabung maßgeblich verändert. Denn ab jetzt gilt das sogenannte *Halbeinkünfteverfahren*.

Nach der bisherigen Regelung führte jede Aktiengesellschaft bereits vor Ausschüttung der Gewinne darauf die so genannte Körperschaftssteuer in Höhe von 30 Prozent ab. Zuzüglich unterlagen die Dividenden bei den Aktionären nochmals der Kapitalertragssteuer in Höhe von 25 Prozent, die schon vor der Auszahlung durch die Bank einbehalten wurde. Diese »Doppelbesteuerung« wurde dadurch wieder rückgängig gemacht, dass jeder Aktionär die vom Unternehmen bereits gezahlte Körperschaftssteuer in Höhe von 30 Prozent im Rahmen seiner persönlichen Steuererklärung zurück erstattet bekam.

Mit der Einführung des Halbeinkünfteverfahrens werden Dividendeneinkünfte jedoch nur noch zur Hälfte steuerpflichtig. Dafür ist die Anrechnung bzw. Auszahlung eines Körperschaftssteuer-Guthabens, das die Aktiengesellschaft bereits abgeführt hat, nicht mehr möglich. Unternehmen zahlen statt 30 Prozent Körperschaftssteuer nur noch 25 Prozent, und die Kapitalertragssteuer reduziert sich von 25 auf 20 Prozent.

Zu berücksichtigen ist, dass Dividendeneinkünfte nach wie vor erst dann steuerpflichtig sind, wenn der *Sparerfreibetrag* von 1.601 Euro für Ledige und 3.202 Euro für Verheiratete pro Jahr überschritten ist. Aufgrund des Halbeinkünfteverfahrens können Sie nun doppelt soviel Dividendeneinkünfte haben als zuvor.

Zudem sind Aktieneinkünfte jetzt gegenüber Einnahmen aus festverzinslichen Wertpapieren erheblich bevorzugt. Wenn Sie Ihre Aktien innerhalb von 12 Monaten (Spekulationsfrist) nach dem Erwerb wieder verkaufen und dabei ein Kursgewinn erzielen, der über dem Spekulationsfreibetrag von 512 Euro liegt, unterliegt dieser der Spekulationssteuer, jedoch jetzt nur noch zur Hälfte.

Haben Sie keinen Gewinn, sondern einen Verlust erzielt, dann können Sie diesen zwar seit dem 01.01.02 geltend machen, allerdings nur noch zur Hälfte. Übersteigen die Kursverluste im laufenden Jahr Ihre kurzfristigen Gewinne in der Summe, dann können Sie diese – wie bisher – auf das Folgejahr übertragen.

So kommt ein Unternehmen an die Börse
Die Schwierigkeiten für ein Unternehmen in Deutschland, das an der Börse notiert werden will, sind nicht unbeträchtlich. Der langwierige und dornige Weg beginnt bei der Börsenaufsicht. Dort muss ein Antrag zur Zulassung gestellt werden. Dann folgt eine detaillierte und umfassende Prüfung des Unternehmens, vor allem seiner bisherigen Bilanzen und Kapitalausstattung. Wird dem Antrag statt gegeben, wird eine Wertpapierkennnummer vergeben, die auf die Aktien aufzudrucken ist. Das Aktienpaket steht den Konsortialbanken, also den begleitenden Banken der Emission, zur Weitergabe zur Verfügung.

Gute Nachrichten für Aktienbesitzer: Nach der neuen Steuerregelung sind Aktien gegenüber festverzinslichen Wertpapieren bevorzugt. Die Dividenden fließen nur noch zur Hälfte in die steuerliche Bemessungsgrundlage ein.

	Bis 2001: Anrechnungsverfahren	Ab 2002: Halbeinkünfteverfahren
Gewinnausschüttung des Unternehmens	100,–	100,–
./. Körperschaftssteuer	./. 30,–	./. 25,–
= Bardividende	= 70,–	= 75,–
./. Kapitalertragssteuer 25 % von 70,–	./. 17,50	
20 % von 75,–		./. 15,–
= Nettodividende	= 52,50	= 60,–
+ anrechenbare Kapitalertragssteuer	+ 17,50	+ 15,–
+ Körperschaftssteuer-Guthaben	+ 30,–	
= Bruttodividende	= 100,–	= 75,–
steuerpflichtiger Kapitalertrag	= 100,–	37,50
steuerfrei		37,50

Wie bisher können Sie *Werbungskosten*, die im Zusammenhang mit dem Aktienbesitz stehen, wie etwa Beratungskosten, Depotgebühren, Fachbücher, Finanzierungskosten, Telefon, Porto, Zeitschriften, Reisekosten zu Hauptversammlungen, Maklercourtagen etc., geltend machen, jedoch nur noch zur Hälfte und wenn diese zusammen mit den Werbungskosten für andere Kapitalanlagen den jeweiligen Pauschbetrag von 51 Euro für Ledige und 102 Euro für Verheiratete überschreiten.

Von der neuen Steuerregelung profitieren vor allem Anleger, deren Grenzsteuersatz über 40 Prozent liegt. Grundsätzlich am interessantesten für Anleger sind jedoch immer noch die *langfristigen Kursgewinne*, die nach der 12 Monaten auch weiterhin *steuerfrei* sind.

Neuemissionen/IPOs

Bevor Aktien eines Unternehmens erworben werden können, müssen diese erst einmal handelbar sein. Unternehmen und deren Anteile können nur dann an der Börse gehandelt werden, wenn es sich um eine Aktiengesellschaft oder eine Kommanditgesellschaft auf Aktienbasis handelt.

Ob ein Unternehmen den Gang zur Börse wählt, ist seine freie Entscheidung und von vielen Faktoren abhängig. Nicht jeder Unternehmer schlägt den Weg über die Börse ein, um sich notwendiges Kapital zu beschaffen. Dies kann er ebenso durch Ausgabe eines festverzinslichen Wertpapiers oder durch eine Kreditaufnahme bei einer Bank oder durch das Angebot einer stillen Beteiligung tun. Ein Börsengang bedeutet zwar auf der einen Seite die Erhöhung der Eigenkapitalquote, auf der anderen Seite können Aktionäre durch ihr Stimmrecht aber auch Einfluss auf die Unternehmensentscheidungen nehmen. Die Geschäftsführung ist dann nicht mehr unabhängig. Hinzu kommt, dass ein Börsengang nicht gerade billig ist. Bis zu 30 Prozent des Emissionserlöses können als begleitende Kosten anfallen. Deshalb ist ein Börsengang für jedes Unternehmen eine wichtige Entscheidung.

Im Vorfeld eines Börsenganges kommt es oft zu so genannten *Private Placements*, das heißt, Aktien eines Unternehmens werden privat, außerhalb des Börsenhandels, zum Kauf angeboten. Damit will sich das Unternehmen bereits Geld beschaffen, um notwendige Investitionen zu tätigen, die Geschäftsentwicklung zu verbessern und den eigentlichen Börsengang vorzubereiten. Geworben wird dabei mit einem günstigen Kaufpreis, der dann beim Gang an die Börse durch einen wesentlich höher gehandelten Börsenkurs den Investoren einen außerordentlichen Gewinn bringen kann.

Anleger sollten solchen Private Placements mit großer Vorsicht begegnen. Es gibt keine Garantie, dass der in Aussicht gestellte Börsengang tatsächlich stattfindet und meist auch keine feste zeitliche Planung dafür. Ob die Aktien jemals mit einem Gewinn wieder verkauft werden können, ist ungewiss. Private Placement-Aktien werden so gut wie nicht gehandelt, und wenn es Ihnen gelingt, sie weiterzuverkaufen, dann ist das in aller Regel ebenfalls mit erheblichen Kosten verbunden. Alles in allem ist die Gefahr, dass ein Aktienengagement im Private Placement nicht erfolgreich verläuft, sehr groß. Hier Geld zu investieren kommt einem Roulettespiel mit unvorhersehbarem Ausgang gleich.

Entscheidet eine Aktiengesellschaft, sich Eigenkapital durch die Ausgabe von Aktien an der Börse zu beschaffen, spricht man von einer *Neuemission*, von *Going Public* oder auch von einem *IPO* (Initial Public Offer). Unternehmen haben dabei zwei Möglichkeiten: Entweder geben die Gründungs- oder Altaktionäre einen Teil ihrer Aktien ab, oder es werden im Rahmen einer Kapitalerhöhung neue Aktien ausgegeben.

Der Börsengang wird von einer oder mehreren Banken begleitet, die man auch *Konsortium* nennt. Ein Teil der hohen Emissionskosten fließt diesen zu, so dass Banken an jeder Emission gut verdienen.

Das Unternehmen stellt bei der Börsenaufsicht einen umfassenden formalen Antrag zur Zulassung. Dabei sind sowohl die Konsortialbanken als auch Wirtschaftsprüfer involviert, die zusammen mit dem Unternehmen die wichtigen Informationen und Unterlagen – von den Unternehmensergebnissen über die bisherige Kapitalausstattung bis hin zur Liquidität – liefern. Die Börsenaufsicht prüft, ob das Unternehmen die Voraussetzungen für den gewünschten Handelsplatz, beispielsweise Neuer Markt oder SMAX, erfüllt. Wird dem Antrag entsprochen, beginnt die Werbephase.

Da sowohl die Konsortialbanken als auch das Unternehmen großes Interesse an einem erfolgreichen Börsenstart haben, wird viel Geld in *Werbung* investiert. Die größte PR-Kampagne hatte 1996 die Deutsche Telekom, bei der jedoch gut 60 Prozent der Werbekosten von den Banken getragen wurden. Was sich als clevere Investition herausstellte, da sie den Banken nachfolgend eine enorm hohe Anzahl neuer Investoren brachte.

Deutsche Post

Nicht nur im Fernsehen und mit Anzeigen in Zeitschriften und im Internet, sondern auch durch Veranstaltungen wird der Börsengang beworben. Ganz wich-

Der Börsengang der Deutschen Post wurde von einer aufwändigen Werbekampagne begleitet. **Thomas Gottschalk und sein Bruder Christoph** waren die erfolgreichen Zugpferde für die Platzierung der »Aktie Gelb«.

tig sind dabei im Vorfeld die Gespräche mit den Managern großer Fondsgesellschaften. Wenn diese für die Emission begeistert werden können, ist bereits der halbe Emissions-Erfolg gesichert.

Vor dem Börsengang gibt es die so genannte *Zeichnungsfrist*. Sie beträgt meistens 10 bis 14 Tage und gibt den Anlegern und größeren Investoren die Möglichkeit, vorab Aktien zu reservieren. Die Zeichnungsfrist dient zudem der Feststellung des Emissionspreises. Meist wird vom Unternehmen und den Konsortialbanken kein fester Preis für die Emission festgelegt. Vielmehr nennt man eine Preisspanne und versucht nun durch die Nachfrage während der Zeichnungsfrist einen realen Erstkurs herauszufinden. Bei einer hohen Nachfrage wird sich der Emissionspreis im oberen Bereich der Preisspanne bewegen, bei geringem Interesse im unteren Bereich. Man nennt dies auch *Bookbuildingverfahren*. Damit sind Unternehmen wesentlich flexibler und können auf die jeweilige Nachfragesituation mit einer entsprechenden Preisanpassung reagieren, um den Verkauf anzuregen.

Die Zahl der Neuemissionen lag im Jahr 1998 noch bei 79, stieg dann 1999 auf 177 und lag mit über 140

Der Graue Markt

Ob eine Neuemission erfolgreich ist, können Sie bereits während der Zeichnungsfrist über den so genannten »Grauen Markt« verfolgen. Unter www.schnigge.com können Sie schon vor der ersten Kursnotierung einer neuen Aktie an der Börse erfahren, wie groß das Interesse daran ist. Der Frankfurter Börsenmakler Schnigge stellt bereits vor dem Börsenstart Kurse für Neuemissionen fest, die sich ausschließlich nach Angebot und Nachfrage während der Zeichnungsfrist richten. Ist das Interesse groß, notiert die Aktie im Grauen Markt häufig schon über dem geplanten Ausgabepreis.

Wenn Sie befürchten, bei einer Neuemission nicht zum Zuge zu kommen, können Sie versuchen, über Ihre Bank die Aktie bereits vor dem Börsengang im Grauen Markt zu ordern.

im Jahr 2000 auch noch relativ hoch. Die negative Börsenentwicklungen in den letzten beiden Jahren ließ die Anzahl der Neuemissionen jedoch drastisch zurückgehen. Nicht wenige Unternehmen haben einen geplanten Börsengang zurückgestellt, wenn sie beispielsweise in der Zeichnungsfrist feststellten, dass das Interesse einfach zu gering war. Interessantes Beispiel war hier im Frühjahr 2002 der geplante Börsengang von BHW, der dann kurzfristig gestoppt wurde.

Während der Zeichnungsfrist können die Interessenten schriftlich bei ihrer Bank oder ihrem Brokerhaus einen Kaufauftrag für die neue Aktie abgeben. Wie bereits gesagt, steht der Preis, der zu zahlen ist, erst am ersten Handelstag fest, er kann sich jedoch nur in der vorher bekannten Spanne bewegen, so dass Sie vor unliebsamen Überraschungen geschützt sind.

Leider war es in der Vergangenheit nicht selbstverständlich, dass alle Interessenten die Aktien, für die sie einen Zeichnungsauftrag abgegeben hatten, auch tatsächlich erhielten. Der vergangene Börsenboom brachte so manchen Anleger zur Verzweiflung, wenn er erfahren musste, dass er bei Vergabe von neuen Aktien leer ausgegangen war. Eine Zeit lang war fast jede Neuemission eine »Lizenz zum Gelddrucken«. Hier machten viele Anleger, die kurze Zeit nach dem Börsengang ihre Aktien mit Gewinn wieder verkauften, gute Geschäfte. Dabei schien es den Anlegern egal zu sein, um welche Unternehmen es sich handelte. Teilweise kannte man wohl nur den Namen, aber nicht einmal den Unternehmenszweck. Wichtig waren allein die Kurschancen.

Doch diese Zeiten sind vorbei. Wir sind in die rauhe Wirklichkeit zurückgekehrt und heute gilt für jeden Anleger wieder die Regel, sehr genau zu prüfen, ob die Unternehmen, die zum ersten Mal an der Börse gehandelt werden, wirklich so gewinnversprechend sind, wie es die Emissionswerbung suggeriert. Und für Unternehmen gilt mehr denn je: Der Börsengang kann nur zum Erfolg werden, wenn die wirtschaftlichen Fundamente wohl begründet sind.

Zu den erfolgreichsten Neuemissionen des Jahres 1999 gehörten die Aktien der Flensburger Beate-Uhse-AG. Wie bei jedem Going Public spielte auch hier die vorbereitende Werbung eine nicht zu unterschätzende Rolle.

Die Ausgabe der neuen Aktien erfolgt immer über die Konsortialbanken. Mit großer Spannung wird von allen Beteiligten der erste Handelstag und der damit verbundene erste Börsenkurs verfolgt. Dann stellt sich sehr schnell heraus, ob die Nachfrage die Investition rechtfertigt.

Welche Neuemissionen anstehen, wird regelmäßig in den einschlägigen Börsenzeitschriften sowie im Internet veröffentlicht.

Täglich werden in den Medien die Entwicklungen der nationalen und internationalen Aktien- und Rentenmärkte in Form verschiedener Indizes veröffentlicht. Sie geben Ihnen die Möglichkeit, die aktuelle Marktentwicklung zu verfolgen. Indizes sind die Börsenbarometer und werden von Anlegern und vor allem von der Presse weltweit mit kritischem Auge beobachtet.

Dow Jones

Die Idee, das Börsengeschehen mit Hilfe eines Index zu dokumentieren, geht auf die amerikanischen Wirtschaftsjournalisten Charles Henry Dow (1851–1902) und

Die Geschichte des **Dow Jones**

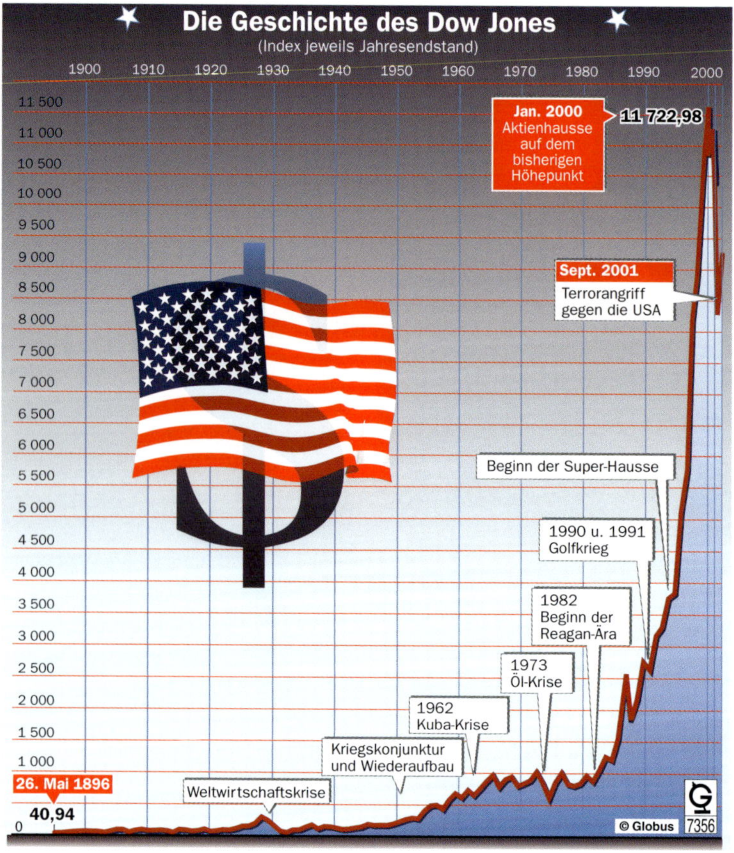

Edward D. Jones (1856–1920) zurück. Bei seiner Einführung im Jahr 1886 umfasste der Dow Jones Index Aktien von 12 großen amerikanischen Industrieunternehmen (Dow Jones Industrial). Daneben entstand der Dow Jones Transport mit Aktien von 20 Eisenbahngesellschaften. Heute gibt es insgesamt vier Dow Jones Indizes. Wenn vom Dow Jones die Rede ist, ist in aller Regel der Dow Jones Industrial mit seinen 30 US-Aktiengesellschaften gemeint.

Die Dow Jones Indizes
Dow Jones Industrial = 30 US-Aktiengesellschaften
Dow Jones Transport = 20 US-Unternehmen aus der Transportbranche
Dow Jones Utility = 15 US-Unternehmen aus der Versorgungsbranche
Dow Jones 20 Bonds = Anleihen von Industrie- und Versorgungsunternehmen

Mit Hilfe der Wertentwicklung innerhalb von Indizes soll die Entwicklung des Gesamtmarktes erkannt werden. Aus dem Vergleich von Dow Jones Industrial und Dow Jones Transport wollten die Erfinder Trends und Trendänderungen ableiten. Inzwischen kann man mit Hilfe von EDV und speziellen Börsenprogrammen diese Überwachung des Aktienmarktes viel leichter und genauer darstellen. So gibt es heute eine Vielzahl verschiedener Branchenindizes, deren Analyse Aufschluss über Trends gibt und Hinweise liefert, welche Einzeltitel interessant sein können.

Ein Index fasst immer eine bestimmte Anzahl von Aktien zusammen und gibt deren durchschnittliche Kursentwicklung wieder. Dabei errechnet sich der Indexwert aus dem gewogenen Durchschnitt der Aktienkurse. Der Index spiegelt die Auswirkungen der Marktentwicklung, von wirtschaftlichen und politischen Tendenzen sowie der Haltung der Anleger gegenüber einzelnen Aktien oder gar ganzen Aktiengruppen.

Indizes dienen damit als Stimmungs- und Kursbarometer der weltweiten Börsen. Es gibt eine Vielzahl unterschiedlicher Indizes, die entweder die Kursentwicklung von Aktien aus bestimmten Branchen, Marktsegmenten oder aber auch Ländern wiedergeben.

Indizes – die Benchmark für die Anleger
Indizes sind nicht nur als Stimmungsbarometer des Aktienhandels wichtig, sondern dienen auch als Vergleichsmaßstab, Benchmark genannt. Dabei können Branchen und verschiedene Märkte sowie ihre Ertrags- und Zukunftsaussichten verglichen und Trends erkannt werden. Hinzu kommt noch der Vergleich mit dem eigenen Anlagedepot. Dabei können Sie erkennen, ob die Entwicklung Ihrer Investitionen mit den Entwicklungen der allgemeinen Märkte mithalten kann, das heißt, ob Sie die richtige Auswahl von Aktien, Fonds oder festverzinslichen Wertpapieren getroffen haben. Den Index oder die Benchmark zu schlagen, ist nicht nur das wichtigste Ziel professioneller Vermögensverwalter und Fondsmanager, sondern auch der großen und kleinen Investoren.

DAX

Der wichtigste Index in Deutschland ist der deutsche Aktienindex, kurz DAX genannt. Er wird von der Deutschen Börse AG berechnet und gibt wider, wie sich die 30 größten deutschen Aktien (Blue Chips) in Bezug auf Umsatz und Börsenkapitalisierung pro Tag durchschnittlich an der Frankfurter Wertpapierbörse entwickeln. Es gibt ihn erst seit dem 31. Dezember 1987, als er mit 1.000 Punkten startete. Er zeigt an, wie groß die Nachfrage im Verhältnis zum Angebot der im DAX enthaltenen Aktien ist. Ein gestiegener DAX bedeutet, dass im Durchschnitt mehr Nachfrage als Angebot vorhanden war. Fällt der DAX, ist der entegegengesetzte Fall eingetreten. Der DAX berücksichtigt jedoch nicht nur den täglichen Handel, sondern auch sämtli-

Der Leitindex der Deutschen Börse seit 1987. Damals startetet er mit 1.000 Punkten.

che Erträge wie Gewinnausschüttungen (Dividenden), Bonuszahlungen und Erlöse aus dem Verkauf von Bezugsrechten. Der Stand des DAX wird im elektronischen XETRA-System alle 15 Sekunden neu berechnet und sorgt für entsprechende Euphorie oder Niedergeschlagenheit der Anleger.

Die Zusammensetzung des DAX wie auch der anderen Indizes ist nicht starr, vielmehr wird regelmäßig die Aktualität überprüft. Beim DAX ist dies alljährlich im September der Fall. Dann wird festgestellt, welche Gesellschaften auf Grund von Fusionen, Übernahmen oder einer besseren Marktkapitalisierung aus dem Index heraus, beziehungsweise neu hinein genommen werden. Ab 2002 soll die Gewichtung der dreißig größten deutschen Aktien im DAX nicht mehr nur nach Umsatz und Börsenkapitalisierung, sondern auch nach dem Streubesitz erfolgen.

Steht eine Neuaufnahme in den DAX an, ist dies für Sie als Anleger besonders interessant. Denn aufgrund der vielen Finanzprodukte, die sich am DAX orientieren, wie Indexfonds und -papiere, kommt es bei einer Neuaufnahme in den begehrten Index zu Kursgewinnen. Entsprechend zieht der Hinauswurf im allgemeinen Verluste nach sich. Rechtzeitiger Kauf oder Verkauf kann sich für Sie also auch in diesem Fall in klingender Münze auszahlen.

Die Werte im DAX

Adidas-Salomon
Allianz
Altana
BASF
Bayer
Bayerische Hypo- und Vereinsbank
BMW
Commerzbank
DaimlerChrysler
Deutsche Bank
Deutsche Lufthansa
Deutsche Post
Deutsche Telekom
E.ON
Epcos
Fresenius Medical Care
Henkel
Infineon Technologies
Linde
MAN
Marschollek, Lautenschläger & Partner
Metro Holding
Münchner Rück
RWE
SAP
Schering
Siemens
ThyssenKrupp
Tui
Volkswagen

Andere Indizes

Inzwischen hat die Deutsche Börse AG eine ganze Indexfamilie kreiert, die einen sehr genauen Überblick über das tägliche Börsengeschehen in den einzelnen Handelssegmenten wiedergibt.

Zu dieser Indexfamilie gehört unter anderen der *MDAX*. Er entstand 1996 und repräsentiert 70 deutsche Unternehmen, die – gemessen am Marktvolumen – den DAX-Werten folgen. Die Bezeichnung MDAX steht für Midcap-Aktienindex, das heißt, hier sind die mittleren Unternehmen gelistet, die auch im DAX 100 (30 DAX-Werte plus 70 MDAX-Werte) enthalten sind. Die Berechnung des MDAX erfolgt minütlich. Der MDAX führte lange Zeit ein Schattendasein. Doch nachdem es zu größeren Korrekturen auch bei den größten deutschen Unternehmen kam, sind die teilweise sehr namhaften Aktien des MDAX im Anlegerinteresse gestiegen. Sämtliche Werte im MDAX können auch per Computer gehandelt werden.

Seit März 1997 und der Einführung des Neuen Marktes als Handelsplattform gibt es den Neuen Markt Index, den *NEMAX* 50 für die 50 größten Werte am Neuen Markt sowie den *NEMAX-All-Shares*, der alle Aktien des Neuen Marktes beinhaltet. Die Anpassung der gelisteten Unternehmen kann hier vierteljährlich vorgenommen werden.

Im April 1999 startete der SMAX als Handelssegment für etablierte, kleinere Unternehmen aus eher traditionellen Branchen, deren Entwicklung sich im *SDAX* widerspiegelt.

Der *CDAX* (Composite DAX) ist der Index an der Frankfurter Börse für alle im Amtlichen Handel, Geregelten Markt und Neuen Markt notierten Aktien. Er ist zusätzlich nach Branchen unterteilt. Derzeit gibt es 19 Branchen wie beispielsweise Automobile, Banken,

Die Entwicklung des DAX

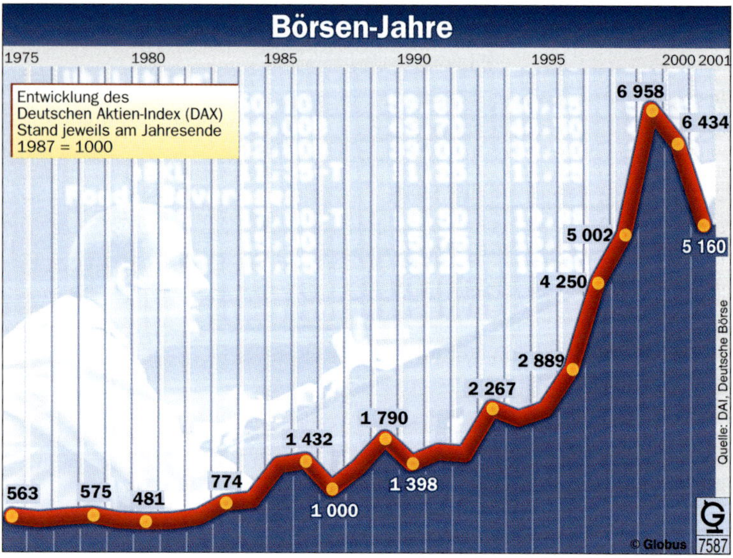

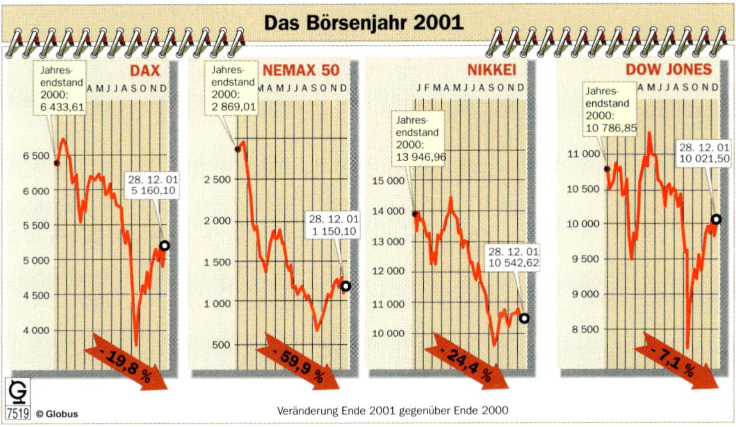

Die Entwicklung des NEMAX 50

Medien, Chemie, Konsumgüter, Industrie, Bau, Software, Technologie, um nur einige zu nennen. Die Entwicklung des CDAX wird minütlich festgestellt, die Branchenindizes täglich zum Börsenschluss. Über den CDAX kann man sehr gut die Trends innerhalb der einzelnen Branchen ermitteln.

Und schließlich gibt es mit dem VDAX noch einen wichtigen Indikator. Er gibt die Volatilität des deutschen Aktienmarkts wider, das heißt, er zeigt die Schwankungsbreite der Kursbewegungen an.

Aber es gibt nicht nur Indizes für Aktien. Festverzinsliche Wertpapiere haben mit dem *REX* einen Index, der die Entwicklungen am Rentenmarkt darstellt.

Neben den Indizes der Deutsche Börse AG zählen zu den bekannteren noch den *FAZ-* und den *Commerzbank-Index*. Der FAZ-Index enthält 100 Publikumswerte und wird einmal am Tag notiert. Auch die Zusammensetzung dieser Indizes ist nicht starr. Es ergeben sich immer wieder Veränderungen, die sich bei den meisten allerdings nicht so nachhaltig auf die Börsenkurse der Einzelaktie auswirken wie beim DAX.

Mit der Einführung des Euro im Jahr 1999 wurde das Euroland zum zweitgrößten Aktienmarkt der Welt. Auch hier werden zwei Indizes geführt, die nicht nur den politischen und wirtschaftlichen, sondern auch den börsenmäßigen Zusammenschluss Europas darstellen:

Der *Dow-Jones-Euro-Stoxx 50* ist der Index für die 50 größten und liquidesten Euroland-Aktien. Wohingegen der *Dow-Jones-Stoxx 50* die 50 größten Unternehmen Europas inklusive der Schweiz und Großbritannien beinhaltet.

Neben dem Dow Jones gibt es noch einige andere internationale Indizes, mit denen der interessierte Anleger gelegentlich konfrontiert sein wird: Der Index *Standard & Poor's 500* wird von der gleichnamigen amerikanischen Rating-Agentur berechnet. In diesen Index

Die Entwicklung der wichtigsten **internationalen Aktienindizes** seit 1995

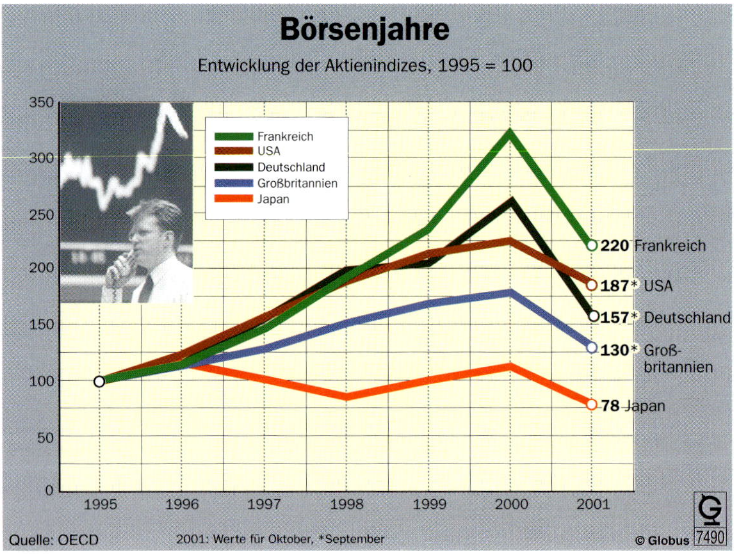

fließen 500 Unternehmen ein, die an der New Yorker Stock Exchange notiert sind. Der wichtigste Index in Japan ist der *Nikkei-Index*, 1949 von einer japanischen Finanzzeitung eingeführt, der die 225 größten japanischen Aktiengesellschaften enthält. Der *Hang-Seng Index* setzt sich aus 35 Standardaktien zusammen, die an der Börse von Honkong geführt werden.

Länderübergreifende Indizes

Neben den genannten deutschen und internationalen großen Indizes aus Europa, USA, Japan und Hongkong gibt es in jedem Land einen oder auch mehrere spezielle Indizes, die eine Orientierung und die Stimmung der jeweiligen Börse wiedergeben.

Darüber hinaus gilt der MSCI (Morgan Stanley Composit Index), der für viele Bereiche, auch länderübergreifend, erstellt wird, wie beispielsweise der bekannte MSCI-World-Index, als Benchmark oder Referenzindex für viele Fonds und Vermögensverwalter. Ähnlich anerkannt sind die HSBC-Indizes, die von der Hongkong-Shanghai-Bank-Corporation, die vom Namen her eher unbekannt, aber in vielen Ländern vertreten ist, erstellt werden.

Während der Asienkrise blickt ein Geschäftsmann in Hongkong besorgt auf den tief gesunkenen **Hang Seng Index**.

Nach Schätzungen soll es mehr als 35.000 Börsenindizes weltweit geben. Die große Anzahl dieser Börsenbarometer beweist, dass die Indizes nicht mehr nur für die Mitteilung über die jeweiligen Kursentwicklungen in einem Land oder einer Regionen oder einer Branche stehen, sondern dass Börsenindizes vielmehr zur Grundlage für unterschiedliche Finanzprodukte wie Futures, Optionen und Optionsscheine oder Indexzertifikate und -fonds geworden sind.

Ein Fieberthermometer für den Neuen Markt

Um die aktuelle Stimmung der Anleger messen zu können, befragt die Deutsche Börse AG jede Woche 300 institutionelle und private Investoren, wie diese die Entwicklung des Neuen Marktes in den kommenden vier Wochen einschätzen. Dieser »Sentiment-Index« wird jeden Freitag vor Börsenstart auf der Homepage unter www.deutsche-boerse.de veröffentlicht.

Der Sentiment-Index beschreibt das Verhältnis der Optimisten zu den Pessimisten und den neutral eingestellten Anlegern. Auch die Veränderungen zur Vorwoche werden aufgezeigt. Doch Achtung: Der Neue-Markt-Index verhält sich meist genau gegenteilig. Überwiegt der Pessimismus, deutet dies hier auf eine baldige Kurssteigerung hin – und umgekehrt.

Worüber sich alle, Profis wie Amateure, streiten und keine Einigkeit erzielen, ist die Frage, welche Aktie für eine geplante Investition nun wirklich die richtige, das heißt die gewinnbringende ist – selbst wenn offen bleibt, in welchem Zeitraum und in welcher Höhe der Gewinn erwartet wird. Dass schnelle Gewinne sich unter Umständen ganz schnell wieder auflösen und dann zu Verlusten werden können, haben die letzten zwei Jahre sehr deutlich gezeigt.

Aktienanalyse

Also wie erkennen Sie den langfristigen Gewinner? Banken, Brokerhäuser und vor allem deren Analysten beschäftigen sich zu diesem Zweck ausgiebig mit der Beobachtung und Bewertung (Analyse) der Aktienmärkte und der dort gehandelten Unternehmen.

Dabei gibt es zwei grundlegend verschiedene Ansätze, die Märkte und Unternehmen sowie deren bisherige und kommende Entwicklung einzuschätzen, die Fundamental- und die technische Analyse.

Die *Fundamentalanalyse* betrachtet vor allem die finanziellen Verhältnisse eines Unternehmens. Hier wird nach vorweigend betriebswirtschaftlichen Kriterien versucht, den Wert eines Unternehmens zu ermitteln, um so erkennen zu können, ob der Kurs der Aktie günstig oder etwa zu teuer ist. Dazu gibt es eine Reihe von Bewertungskennzahlen, die zumindest eine grobe Orientierung und Einschätzung eines Unternehmens liefern können.

Die technische Analyse hingegen basiert auf der Annahme, dass der bisherige Kursverlauf eines Wertpapiers oder eines Marktes anhand einer grafischen Darstellung (= Chart) etwas über seine weiteren Entwicklungen voraussagen kann. Hierbei wird unterstellt, dass sich bestimmte, typische Verläufe wiederholen, was auf Grund von Chartinterpretationen gedeutet und untermauert wird.

Während sich die Fundamentalanalyse also ausschließlich auf wirtschaftliche und unternehmerische Daten stützt, setzen die Techniker alleine auf die Kursverläufe einer Aktie, aus der sie meinen, alles herauszulesen, unabhängig vom Börsenumfeld. Für die technischen Analysten sind alle relevanten Informationen im Chart, also der grafischen Darstellung eines Aktienkursverlaufes, enthalten. Und daraus leiten sie die wahrscheinliche, zukünftige Entwicklung ab. Das Ziel ist für beide gleich: die richtige Aktie mit den besten Aussichten zum richtigen Zeitpunkt zu finden. Dass dieses Ziel nicht immer erreicht wird, liegt in sehr vielen Fällen daran, dass auch die besten Charts und die ausgefeilteste Fundamentalanalyse eines nicht können: das unberechenbare Verhalten der Börsenteilnehmer oder Natur- und andere Katastrophen vorhersehen.

Stimmungsindikatoren

An den Börsen und im täglichen Handel sind oftmals Stimmungen ausschlaggebend für die Entwicklung der nächsten Tage, Wochen und Monate. Allzu gerne lassen sich Profis und Privatanleger von diesen Stimmungen leiten und lösen so oftmals ungewollte Kurssprünge aus. Wer zu spät kommt, den bestraft das Leben und an der

Die **Stimmung am Markt richtig einzuschätzen** ist auch für die Profis an der Börse nicht immer leicht.

Börse eben der Kurs. Bei positiven Impulsen hat der Anleger/Broker Angst, nicht rechtzeitig dabei zu sein, und bei negativen Impulsen wird versucht, so schnell wie möglich das investierte Geld zu retten, bevor der Verfall der Kurse alles aufgebraucht hat.

Ein Teufelskreis, der vor allem für den kurzfristig interessierten Anleger (Trader) sehr gefährlich sein kann. Die Crux für den Anleger ist es, die Stimmung so lange wie möglich mitzunehmen, ohne dabei blind für die sich abzeichnenden Veränderungen zu werden. Sobald die Stimmung euphorisch wird, jeder Anleger vor lauter Gier nach mehr Gewinn alle Realitäten aus den Augen verliert, wird es für den besonnenen Investor Zeit, die Gewinne abzusichern oder gar zu realisieren.

Die Börse ist abhängig von der Stimmung aller Teilnehmer, der Politik, der Stabilität der Wirtschaft und von vielen weiteren Faktoren. Die Devise »Kaufen und Halten«, einst von Börsenpapst André Kostolany ausgegeben, trifft so sicherlich nur auf sehr wenige internationale Werte zu.

Marktstimmungen
Was alle tun, muss richtig sein. Und nur so ist zu erklären, dass bei einer positiven Marktstimmung die Kaufentscheidung wesentlich leichter fällt als umgekehrt. Dieser Trend führt zu einer Euphorie, der sich zuletzt Anfang 2000 kaum noch einer entziehen konnte. Dass dabei Indikatoren und Trends eher falsch eingeschätzt werden, sorgt dann für Katerstimmung, wenn der Umkehrschwung einsetzt.

Börsenprofis wie Broker, Analysten, aber auch Investmentgesellschaften wie etwa Merill Lynch, die regelmäßig mehr als 300 Fondsmanager befragen, geben von Zeit zu Zeit Bewertungen einzelner Aktiengesellschaften und ganzer Märkte ab, die dann in den Medien breit publiziert werden. Solche Meinungsäußerungen können an der Börse Marktbewegungen auslösen. Viele Anleger und Anlegerinnen nehmen solche Informationen zum Anlass, Aktien zu kaufen, beziehungsweise zu verkaufen – je nachdem, in welche Richtung die Aussagen tendieren, weil sie ja der Meinung sind, hier handelt es sich um Aussagen von Profis, die müssen schließlich wissen, was sie tun.

Genau hier scheiden sich allerdings die Geister. Auf der einen Seite gibt es die Herde, die den Trendaussagen vertraut, und die auch weiterhin in den steigenden Markt investiert. Auf der anderen Seite gibt es Anleger, die genau dies zum Anlass nehmen, aufzupassen und bei den ersten Anzeichen einer Trendumkehr ihre Anteile abstoßen.

Bestes Beispiel für das Herdenverhalten ist die Börsenentwicklung von 1999 bis zum März 2000. Hier konnten wir genau sehen, wie Empfehlungen von den Anlegern ernst genommen und auch umgesetzt wurden. Für viele Anleger eine schmerzliche Erfahrung, die zum Teil große Löcher in deren Geldbörse hinterlassen hat.

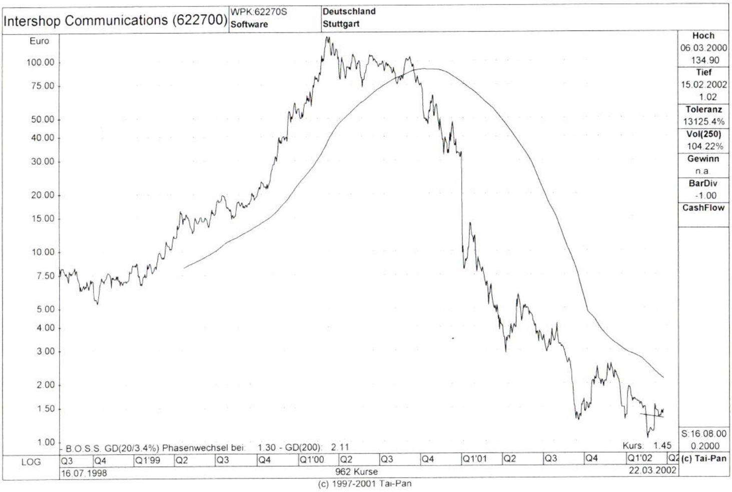

Steiler Anstieg und tiefer Fall: die **Entwicklung von Intershop Communications**. Im Juli 1998 war der Kurs bei ca. 7,50. Dann setzte ein gigantischer Anstieg auf weit über 100 Euro ein, dem schließlich ein noch steilerer Absturz folgte.

Weitere schmerzhafte Beispiele, um nur zwei zu nennen, sind die Gesellschaften EM.TV und Intershop Communications. Die Intershop-Aktie wurde selbst bei einem Kurs von 134 Euro noch von dem einen oder anderem Brokerhaus zum Kauf empfohlen. Inzwischen fand die Aktie ihren Tiefpunkt am 27.06.2002 bei einem Kurs von 0,97 Euro. Aus der einst so liquiden Aktie ist inzwischen fast ein Pennystock mit kaum nennenswerten Umsätzen geworden.

Ein weiterer, sehr schöner Stimmungsindikator im Börsengeschehen ist *das Verhältnis von Verkaufs- zu Kaufoptionen*, also von Put- zu Call-Optionen, Put-Call-Ratio, genannt. Hier wird lediglich das Verhältnis der Umsätze von Put- zu Call-Optionen aufgezeigt, was ebenfalls grafisch dargestellt werden kann.

Die meisten Börsenteilnehmer sind »bullish« orientiert, das heißt, sie setzen auf steigende Kurse. Dies allein sagt natürlich noch nichts über eine Stimmung aus, es entspricht nur der allgemeinen Hoffnung. Es ist ja schließlich leichter, auf steigende Kurse zu setzen als auf fallende Kurse, die mit der Assozation von Kapitalverlust und somit keinem guten Gefühl verbunden sind.

So weit so gut. Wenn nun aber die Anzahl der Verkaufsoptionen im Verhältnis zu den Kaufoptionen hoch ist, drückt dies ein Übermaß an Pessimismus bei den Anlegern aus. Die Vergangenheit hat indessen gezeigt, dass die meisten Spekulanten an der Optionsscheinbörse falsch gelegen, also Geld verloren haben. Und so kann man ein Überwiegen von Verkaufsoptionen viel eher als Indikator für einen zu erwartenden Kursanstieg werten.

Ob mit dem Trend oder dagegen: **gute Nerven** sind für Börsengeschäfte allemal wichtig.

Empfehlungen

Auf den ersten Blick sicherlich recht eigentümlich, aber eine alte Börsenweisheit besagt: »Folge niemals der Masse!« Dies allein ist natürlich noch kein Erfolgsrezept, es hat sich aber in der Vergangenheit sehr oft bewährt. Bei dem Verhältnis von Put- zu Call-Optionen kann man, ähnlich wie vom Stimmungsbarometer der Profis, also auch von einem Contra-Indikator sprechen. Eine interessante Betrachtungsweise, die einen ambitionierten Anleger sicherlich zum Nachdenken anregen sollte.

Die *Empfehlungen von Börsenbriefen, Börsenzeitschriften* und Nachrichtensendern können im übrigen auch als *Contra-Indikatoren* eingestuft werden. Es ist nun einmal so, dass es sich die Medien im allgemeinen nicht erlauben können, gegen die Stimmung ihrer Zuhörer oder Leserschaft zu berichten, da dies sehr schnell zu sinkender Auflage oder Wegfall von Zuschauern führen würde.

Das beste Beispiel hierfür ist die letzte Übertreibung im Technologie- und Internetsektor, der seinen Auslauf im März 2000 fand. Gerade in der Zeit von Oktober 1999 bis Mitte März 2000 hatten die meisten Medien nur noch Dollarzeichen im Auge, respektive auf dem Cover, und so die Anleger zu Investitionen in die Hightechs und den Neuen Markt getrieben. Das Ergebnis ist bekannt. Wenn sich selbst Boulevard-Blätter dazu hinreißen lassen, Aktienempfehlungen abzugeben, sollten bei jedem halbwegs kritischen Anleger, aber auch bei Tradern die Alarmglocken läuten und der Rückzug aus dem Markt erwogen werden.

Und das Gegenstück dazu: Je pessimistischer Meldungen in den Medien Anfang 2002 waren, um so mehr setzten die Aktienkurse fast weltweit zu einem Aufschwung an. Und was sagten die Moderatoren in den Börsensendungen? »Es stellt sich bei diesen Kurssteigerungen doch die Frage, ob dies anhalten kann oder woher der Optimismus kommt«. Also wieder einmal: »Never follow the crowd« (Folge niemals der Masse).

Ein weiterer, nicht zu unterschätzender Indikator sind die getätigten *Börsenumsätze*. Sie spiegeln das Stimmungsbild an der Börse sehr gut wider. Chartsignale verbunden mit hohen Umsätzen bestätigen das Signal. Charttechnische Signale, verbunden mit niedrigen Umsätzen, lassen diese eher fragwürdig erscheinen, da dies nur die Meinung weniger Teilnehmer widerspiegelt und daher nicht repräsentativ ist.

Was tun bei Börsenboom und Crash?
Börsentrends sind natürlich maßgeblich vom Verlauf der Wirtschaft und der Konjunktur beeinflusst. Dabei nimmt die Börse Erwartungen für die kommenden Entwicklungen bei den Unternehmen und der Gesamtwirtschaft bereits um einige Monate vorweg. Hier werden die Hoffnungen und Erwartungen für die Zukunft gehandelt und nicht die Gegenwart.
Das Trendbarometer richtig zu lesen ist nicht einfach und Fehler können empfindliche Folgen haben. Deshalb hier einige Anhaltspunkte, wie Sie eine Trendumkehr erkennen können:

• Sinkende oder niedrige Zinsen sorgen zeitversetzt für ein Ansteigen der Konjunktur, da viel Geld in die Wirtschaft fließt, beispielsweise in Form von Investitionen und privatem Konsum. Das steigert die Unternehmensgewinne und führt damit auch zu steigenden Aktienkursen.

• Steigende oder gar hohe Zinsen bedeuten für Unternehmen steigende Kosten und ziehen einen Rückgang bei den Investitionen, abnehmende Konsumneigung und damit rückläufige Gewinne nach sich. Aktien verlieren an Attraktivität, wenn gleichzeitig für weniger kursempfindliche Rentenpapiere hohe Zinsen gezahlt werden. Die Aktienkurse gehen zurück.

Dies alles ist ein Kreislauf, der sich in bestimmten Abständen wiederholt. Die Abstände sind zwar in den letzten Jahren größer geworden, das heißt waren es früher fünf bis acht Jahre von einem Zinshoch zum anderen, so können heute mehr als zehn Jahre dazwischen liegen. Das letzte Zinshoch war Anfang der neunziger Jahre, das nächste ist im Augenblick noch nicht vorauszusehen und wird möglicherweise nicht mehr die Höhe vergangener Jahre erreichen.
Die allgemeine Wirtschafts-, Zins- und Börsensituation kann Aufschluss darüber geben, ob der Einstieg zu einem bestimmten Zeitpunkt eher für Aktien oder für festverzinsliche Papiere günstig ist:

• In Zeiten niedriger Zinsen mit der Tendenz zur Steigerung ist eher der Einstieg in Aktien zu bevorzugen.

• Bei hohen Zinsen mit Tendenz fallend ist ein guter Einstiegszeitpunkt für Rentenpapiere.

Denken Sie also immer daran: »The trend is your friend!«. Diese alte Börsenweisheit stimmt allerdings nur dann, wenn Sie dem Trend nicht hinterlaufen, sondern ihn frühzeitig erkennen und dann konsequent nutzen.

Kursnotierungen, eine eigene Börsensprache

Als interessierter Anleger werden Sie sicherlich den Wirtschafts- und den Kursteil Ihrer Tageszeitung oder noch besser eine spezielle Finanzzeitung wie das *Handelsblatt* oder die *Financial Times* regelmäßig lesen und vielleicht auch noch eine der wöchentlichen Börsenzeitschriften wie *Börse Online* oder die Sonntagszeitung *Euro Am Sonntag*. Auf diese Weise gewinnen Sie nicht nur einen guten Einblick in das aktuelle Wirtschaftsgeschehen, auch Börsenentwicklungen und Gewinnprognosen von Aktien und aktuelle Kurzinformationen sind hier zu bekommen.

Selbstverständlich können Sie auch in Rundfunk und Fernsehen das Börsengeschehen verfolgen; die Börsennachrichten haben sich inzwischen zu einem festen Programmbestandteil entwickelt. Sie liefern aktuelle Kursnotierungen der wichtigsten Aktien an der deutschen, europäischen und internationalen Börsen. Doch nur bei den Kursnotierungen in den Finanzzeitungen finden Sie Kursnotierungen, die Ihnen wertvolle Hinweise für Kaufentscheidungen liefern können. Diese Hinweise werden in abgekürzter Form hinter den Kurs gesetzt. Eine Übersicht über die gebräuchlichen Abkürzungen und ihre Bedeutung liefert der

Kurse deutscher Aktien am 24. April 2002 mit den entsprechenden Zusätzen.

Deutsche Aktien		24.04.02	23.04.02
ABB FFm	7.16	265.00	264.95b
Agfa	0.23	18.15	18.20-T
Allianz Leben	12.50	640.00	635.00G
AXA KonzernSt.	14.89	76.00	76.00G
AXA KonzernVz.	14.94	73.00	73.00G
Bankg. Berlin		1.95	1.90-T
Bewag	0.58	14.92	14.92G
BHF Bank	3.62	50.45	50.00G
Biotest St.Ffm	0.25	11,81	12,00G
BMW Vz.	0.48	29.70	30.00G
Brainpool TV		3.85	3.75b
CineMedia		1.45	1.35G
Condomi		17.10	17.00G
CompuGroup	0.82	33.50	33.50bG
DAB		6.20	6.10G
Debitel	0.25	14.80	14.75G
Deutz		2.25	2.25G
Dolerit Basalt		3.43	3.43G
Dom-Brauerei	1.53	50.00	50.00-T
Dresdner Bank	0.90	51.55	51.52G
Didier	3.07	49.50	49.50-T
Eifelhöhenklinik	0.16	4.45	4.34G
Eisenhüttenwerk	0.52	13.20	13.20G
Ergo	1.30	225.00	225.00G
Eurobike		3.60	3.60G
Eurohypo	2.85	46.00	46.00-T
F + G	4.76	180.00	180.00G
Ford Werke		310.00	325.00B
Gerling Allg.	0.13	4.80	4.26G
Henkel St.	1.06	66.00	67.00b
Herlitz St.		1.15	1.20G

Die Kurszusätze und ihre Bedeutung

b oder Kurs ohne Zusatz =
bezahlt: alle Ver- und Kaufaufträge wurden ausgeführt.

B = Brief; zu diesem Kurs bestanden nur Angebote, aber keine Nachfrage, so dass kein Geschäft zustande kam.

G = Geld; hier bestand nur Nachfrage, aber keine Angebote, so dass kein Geschäft zustande kam.

bG = bezahlt Geld; zu diesem Kurs bestand weitere Nach frage, limitierte Kaufaufträ-ge konnten jedoch nicht alle ausgeführt werden.

bB = bezahlt Brief; zu diesem Kurs bestanden weitere Angebote, limitierte Verkauf-saufträge konnten jedoch nicht vollständig ausgeführt werden.

T = Taxe; ein Kurs konnte nicht ermittelt werden, deshalb wurde der Preis geschätzt, da es weder Käufer noch Verkäufer gab und somit wird meist der Kurs vom Vortag übernommen.

– G = gestrichen Geld; ein Kurs konnte nicht ermittelt werden, da überwiegend nur Nachfrage bestand

– B = gestrichen Brief; ein Kurs konnte nicht ermittelt werden, da überwiegend nur Angebote bestanden

ex D (oder x D) =
ohne Dividende; erster Börsenkurs am Tag nach der Hauptversammlung und unter Abzug der Dividende

ex BR (oder x BR) =
ohne Bezugsrecht; erster Börsenkurs nach Abzug des Bezugsrechtes, das gleichzeitig an der Börse separat gehandelt wird

C = Kompensationsgeschäft; zu diesem Kurs wurden ausschließlich Aufträge aus-geführt, bei denen Käufer und Verkäufer identisch waren.

Kasten (siehe oben). Auch das Internet bietet diesen Service, vorausgesetzt, Sie nutzen ein spezielles Börsenprogramm (wie beispielsweise »Taipan«). Es liefert Ihnen in Echtzeit nicht nur die Kurse, sondern auch Ordervolumina und real abgewickelte Aufträge.

Anfangs werden Sie sicherlich immer wieder nachlesen oder nachfragen müssen, was die Zusätze bedeuten und in welcher Form Sie diese bei Ihren Kauf- und Verkaufsentscheidungen berücksichtigen müssen. Die Interpretation der Kurszusätze wird aber weitgehend nur bei Nebenwerten oder wenig gehandelten Aktien notwendig sein und weniger bei Standartwerten, also den großen Aktiengesellschaften, den Blue Chips, die im DAX gehandelt werden.

Zusätzlich zu den Anmerkungen bei den einzelnen Aktien findet sich in den Börsenzeitungen auch eine allgemeine Beurteilung der aktuellen Börsensituation und ein Ausblick. Diese Börsenberichte, aber auch die Börsennachrichten im Fernsehen charakterisieren die allgemeine Tendenz mit knappen Begriffen, die für den Neuling zunächst erklärungsbedürftig sind.

Die Kommentare sollten Sie jedoch nicht überbewerten. Es sind oft Tagesstimmungen, die sich sehr schnell wieder in die entgegengesetzte Richtung verändern können. Wichtig ist vor allem, längerfristige Trends zu erkennen. Sie sind entscheidend für Kauf- und Verkaufsentscheidungen.

Börsenkommentare richtig verstehen:

Hausse
Starke und vor allem anhaltende Kurssteigerungen mit einem Plus von mindestens 5 Prozent

Fest
Stabile Börsenlage, Tendenz eher steigend, auch wenn einige, wenige Aktien noch negative Kursentwicklungen haben

Freundlich
Leichte Kursgewinne, Nachfrage steigend, die Mehrzahl der Aktien befindet sich im Plus

Erholt
Steigende Kurse nach einem Einbruch

Gehalten
Trotz sinkender Nachfrage nur ganz leichte Verluste

Lustlos
Keine Nachfrage, wenig Umsätze

Schwächer
Kursrückgänge vereinzelt bis zu 2 Prozent

Schwach
stärkere Kursrückgänge bis zu 3 Prozent

Baisse
Extreme Verluste von über 5 Prozent, anhaltend negative Börse

Crash
Massiver Kurseinbruch bei einer einzelnen Aktie oder eines ganzen Marktes mit mehr als 5 Prozent

Mit Charts den Trend aufspüren

Wenn es um die Einschätzung von zukünftigen Entwicklungen geht, verlassen sich viele Fachleute gern auf die so genannten Charts. Diese Diagramme geben Aufschluss über die Kursentwicklung von Einzelaktien, Indizes oder Währungen. Charts werden von Banken, Börsenprogrammen oder im Internet, zum Teil auch kostenfrei, zur Verfügung gestellt, wobei es verschiedene Arten der Darstellung gibt. Anhand von Charts können Sie feststellen, ob sich der Kurs einer Aktie, eines Indizes oder einer Währung in einem Aufwärts-, Abwärts- oder Seitwärtstrend befindet.

Charts können in den unterschiedlichsten Formen dargestellt werden. Nachfolgend geben wir Ihnen eine kleine Übersicht:

Der Linienchart

Der Linienchart ist einer der beliebtesten und gängigsten Charts schlechthin. Er entsteht, indem man den Schlusskurs des einen Zeitraumes mit dem Schlusskurs des nächsten Zeitraums mit einer Linie verbindet. Es ist eine völlig ausreichende Darstellung der Kursverläufe, der meist auf Tagesbasis und bei längeren Zeiträumen, etwa über mehrere Jahre, durch Wochen- beziehungseise Monatsschlusskursen dargestellt wird.

Eine der gebräuchlichsten Darstellungen ist der **Linienchart**. Hier werden lediglich die **Schlusskurse miteinander verbunden**.

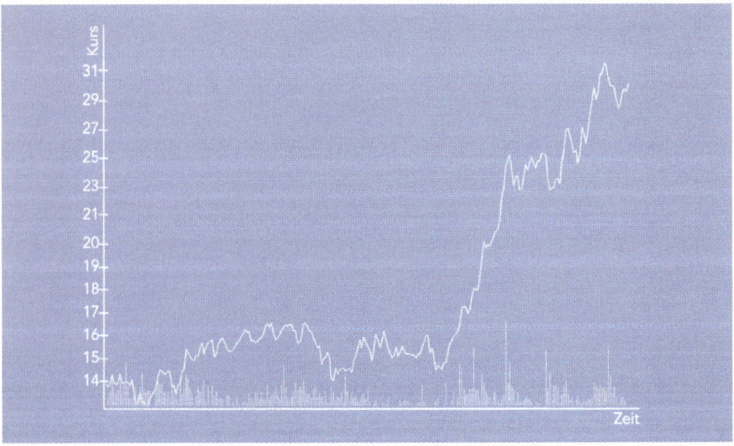

Vor allem in der Fernseh-Berichterstattung wird Ihnen ein Linienchart häufig begegnen, der so genannte Intraday-Chart, der den Verlauf im aktuellen Börsengeschehen widergibt. Meistens werden hier die Indizes, vor allem der DAX gezeigt. Solche Liniencharts zeigen sehr deutlich, welchen Verlauf das Wertpapier im betrachteten Zeitraum genommen hat. Höhen und Tiefen werden grafisch dargestellt und zeigen zugleich die Schwankungsbreite des Papiers auf.

Der Balkenchart

Mehr Aussagekraft, vor allem bezogen auf die Schwankungsbreite, hat der Balkenchart. Beim Balkenchart werden der höchste und der niedrigste Kurs des jeweiligen Betrachtungszeitraums mit einem senkrechten Balken verbunden.

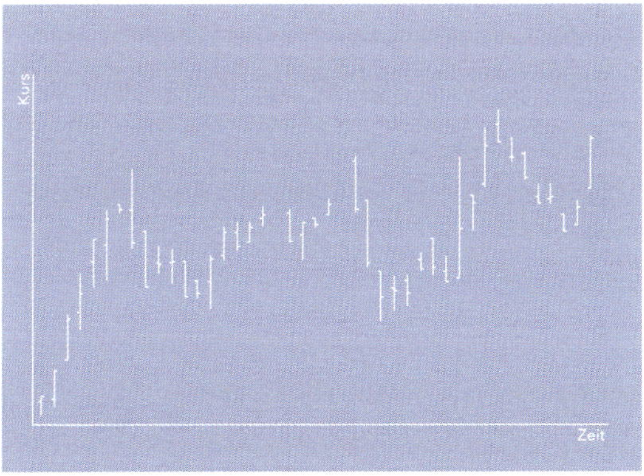

Jeder Balken in einem **Balkenchart** zeigt unten den **Tiefst- und** oben den **Höchstkurs** einer Aktie an. Die kleinen Striche nach links markieren den Eröffnungskurs, nach rechts den Schlusskurs.

Die übliche Darstellung erfolgt mit Tages- oder Wochen-Balken, die im Chart nebeneinander aufgezeichnet werden. Der Vorteil der Darstellung liegt in der Transparenz der Kursschwankungen, die durch die Länge des Balkens innerhalb des betrachtenden Zeitraums deutlich werden.

Auf der linken Seite des Balkens wird der Eröffnungskurs mit einem kleinen Querstrich markiert, analog auf der rechten Seite der Schlusskurs. Die Länge des Balkens, der über beziehungsweise unter dem Querstrich liegt, zeigt den im Betrachtungszeitraum gehandelten Höchst- und Tiefststand. In vielen Chartprogrammen werden die Balken zudem farbig markiert, um so die Bewegung deutlicher aufzuzeigen.

Ein grüner Balken sagt aus, dass der Schluss- oder letzte Kurs über dem Eröffnungs- oder erstem Kurs liegt. Umgekehrt zeigt ein roter Balken, dass der Schluss- oder letzte Kurs unter dem des Eröffnungs- oder erstem Kurs liegt.

Bevorzugt wird die Betrachtung der Balken auf Tagesbasis, da hier die Dynamik sowie die Emotionen am deutlichsten werden. Sobald Aktienkurse über einen längeren Zeitraum hinweg hohen Tages- oder Wochenschwankungen unterliegen, ist dies ein Zeichen von großer Unsicherheit, sowohl auf der Kauf- als auch auf der Verkaufsseite. Optimisten wie Pessimisten sind sich nicht einig, ein deutlicher Trend ist nicht erkennbar. Sollten aber in den folgenden Tagen die Ausschläge nach oben immer höher werden, so kann man davon ausgehen, dass die Optimisten die Oberhand gewonnen haben. Verstärkt wird dies deutlich, wenn sich auch die unteren Enden der Balken nach oben bewegen.

Eine gleichmäßige Verlängerung des Balkens sowohl nach oben wie nach unten signalisiert dagegen große Unsicherheit bei den Investoren und sollte immer als Warnsignal verstanden werden.

Der Kerzenchart (Candlestick Chart)

Hierbei handelt es sich um eine Abwandlung des bekannten Balkencharts, die ihren Ursprung in Japan hat. Bereits im 17. Jahrhundert wurde im Reich der aufgehenden Sonne der Reispreis mit Hilfe von grafischen Darstellungen analysiert, auf denen die heutigen Kerzencharts beruhen. Die dargestellte Kerze besteht aus dem Kerzenkörper (leer oder gefüllt), der Lunte und dem Docht. Dieser ist sichtbar oberhalb des Kerzenkörpers, die Lunte wird unterhalb des Körpers gezeichnet.

Liegt der Schlusskurs des zu betrachtenden Zeitraums (Tag, Woche oder Monat) über dem Eröffnungskurs, ist der Kerzenkörper leer. Umgekehrt, liegt der Schluss-

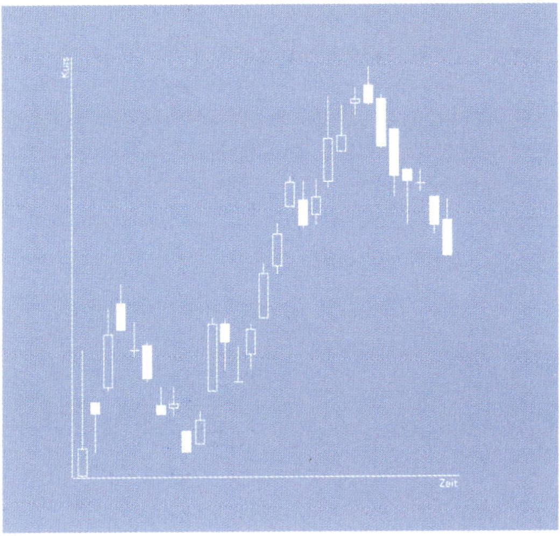

Ein **Kerzenchart** zeigt neben Höchst-, Tiefst-, Schluss- und Eröffnungskurs auch **Verlust-** (gefüllte Kerzen) **und Gewinnperioden** (leere Kerzen) an.

kurs unter dem Eröffnungskurs, wird der Kerzenkörper gefüllt dargestellt.

Zeigt der Kerzenkörper die Veränderung zwischen Eröffnung und dem letzten Kurs, so zeigt die Lunte den im entsprechendem Zeitraum tiefsten Kurs und der Docht den im entsprechenden Zeitraums gehandelten höchsten Kurs.

Richtungslose Märkte erkennen Sie in einem Kerzenchart an dem sehr kleinen bis hin zu einem Strich zusammen geschrumpften Kerzenkörper und den deutlich größeren Ausschlägen bei Lunte und Docht. Candlestick Charts werden von den Börsenprofis in aller Regel nur in Verbindung mit anderen grafischen Darstellungen genutzt, da hier der so wichtige gleitende Durchschnitt nicht mit dargestellt wird.

Point & Figure

Es gibt eine Art der Darstellung, die von Profis gerne verwendet wird, die auf Laien oder Aktienneulinge aber eher verwirrend wirkt. Im Unterschied zu allen anderen Darstellungen spielt bei diesem Chart der Faktor Zeit keine Rolle. Lediglich der Auf- beziehungsweise Abwärtstrend ist entscheidend.

In Point & Figure Charts werden Kursänderungen in Form von Kästchen unabhängig von der zeitlichen Veränderung nach oben oder nach unten gestapelt. Das heißt, bei einer anhaltenden Seitwärtsbewegung der Aktie verändert sich hier im Gegensatz zu anderen Darstellungen der Chart nicht. Erst bei einem Ausbruch nach oben oder unten werden die Veränderungen in der Grafik sichtbar.

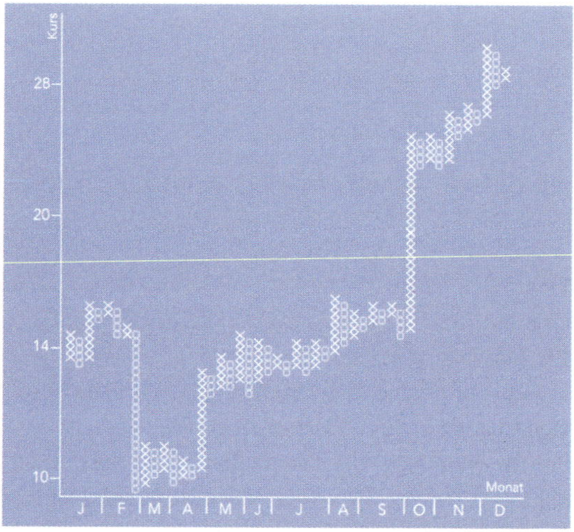

In einen **Point & Figure Chart** wird für jeden **Kursanstieg** ein Kreuz eingetragen, folgt ein weiterer Anstieg, wird ein weiteres darüber gesetzt, folgt hingegen eine Gegenbewegung, wird ein O neben das letzte Kreuz gesetzt.

Positive Veränderungen, also einen Aufstieg, bezeichnet der Chart mit einem grünen X. Eine negative Veränderungen, also der Abwärtstrend, wird mit einem roten O markiert. X beziehungsweise O erscheinen über oder unter dem Tageskurs.

Diese Form der Darstellung kann ganz auf die Bedürfnisse des Anlegers eingestellt werden, das heißt, die Vorgabe, wann ein X oder O gekennzeichnet werden, unterliegt der Entscheidung des Analysten oder auch Ihnen, wenn Sie selbst die Kennzeichnung auf Grund Ihrer Beobachtungen vornehmen.

Ein eher langfristig orientierter Anleger wird erst größere Kursveränderungen für den Eintrag eines neuen Kästchens wählen, während ein spekulativer Anleger, der eher an schnellen Gewinnen interessiert ist, die Markierungen früher setzt.

Die Größenordnung für die Veränderung, im englischen »Box size« genannt, sollte der Volatilität des Wertes entsprechen. So wird man bei Blue Chips geringfügigere Ausschläge als bei stark volatilen Werten nehmen, um ein neues Kästchen einzutragen.

Anhänger der Point & Figure Charts vertreten die Meinung, dass hiermit wesentlich genauere Signale abzuleiten sind, als mit Linien- oder Balkencharts. Begründet wird dies mit der Tatsache, dass hier bei einer Seitwärtsbewegung des Kurses nicht ein endlos langer Chart entsteht, sondern die Darstellung einfach unverändert bleibt. Der Faktor Zeit spielt also überhaupt keine Rolle, was andererseits auch als Nachteil begriffen werden kann, da sich zeitabhängige Indikatoren einem solchen Chart nicht zuordnen lassen.

Trendfolge-Indikatoren

Charttechniker bedienen sich dabei der Erkenntnis des Physikers Isaac Newton, dass sich ein Trend so lange fortsetzt, bis er auf eine Gegenkraft trifft. In die meisten Charts werden deshalb so genannte Trendkanäle eingezeichnet, um eine Trendumkehr rechtzeitig erkennen zu können. Wird der Trend noch durch hohe Börsenumsätze unterstützt, können Sie sicher sein, dass die Umkehr nicht lange auf sich warten läßt. Ergänzt werden Trendkanäle durch weitere Signale wie die Widerstandslinie, die Unterstützungslinie und den gleitenden Durchschnitt.

Eine *Widerstandslinie* zeigt an, dass ein Kurs in einer Aufwärtsbewegung ein bestimmtes Niveau oder einen Kurswert nicht überschreiten kann. Die *Unterstützungslinie* hingegen markiert den Kurswert, der bei einem Rückgang nicht mehr unterschritten wird.

Linienchart mit eingezeichnetem Trendkanal, der Höchst- und Tiefstkurse verbindet. Solche flaggenartigen Formationen können einen Aufwärts- oder Abwärtstrend bestätigen.

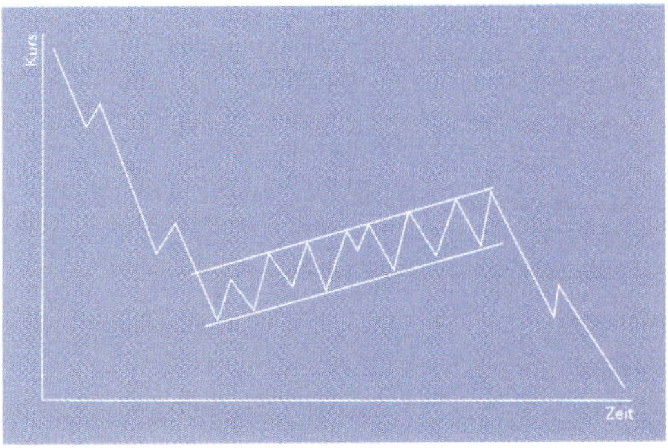

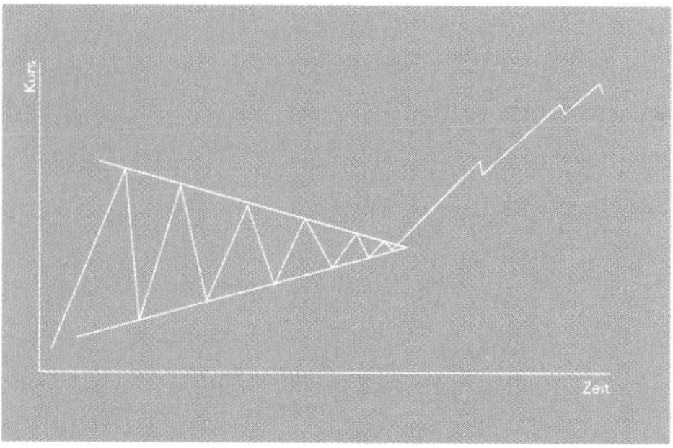

Linienchart, aus dem eine **trendbestätigende Formation** in Form eines Dreiecks herauszulesen ist.

Der *gleitende Durchschnitt* gibt den durchschnittlichen Kurs einer Aktie über eine bestimmte Anzahl von Börsentagen wieder. Dies sind üblicherweise 200, 90 oder 30 Tage. Der gleitende Durchschnitt wird im Chart als Linie dargestellt. Überschreitet ein Aktienkurs beispielsweise die 200-Tage-Linie, gilt dies als Kaufsignal. Umgekehrt ist ein Durchbrechen des gleitenden Durchschnittes nach unten ein Verkaufssignal.

Zusätzlich können auch noch die verschiedenen Tageslinien miteinander verglichen werden. So ist es ein eindeutig schlechtes Signal, wenn die 30-Tages-Linie unter der 200-Tages-Linie liegt. Wenn Sie an einer langfristigen Investition interessiert sind, ist für Sie der gleitende Durchschnitt von 200 Tagen wichtig. Sind Sie jedoch nur an einem kurzfristigen Handel interessiert, dann schauen Sie sich die 30-Tage-Linie an.

Linienchart mit 100- und 200-Tage-Linie zum Vergleich. Dort, wo der Kurs nacheinander beide Linien schneidet (1,2), ist ein Trendwechsel abzulesen.

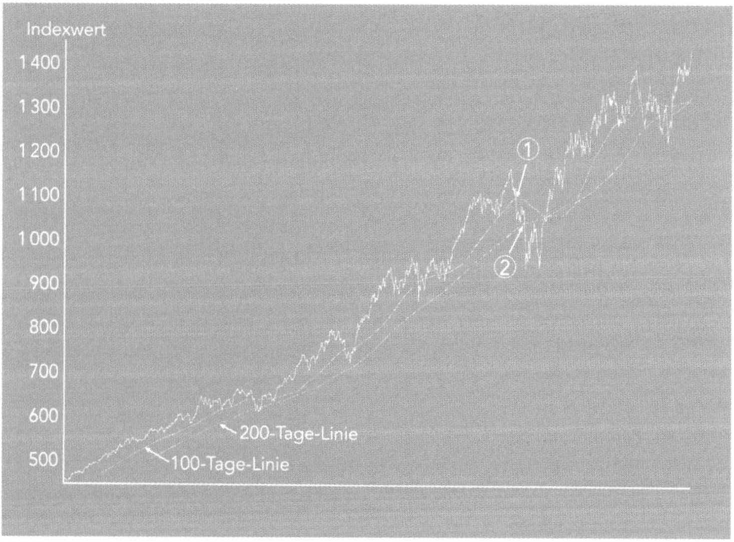

Advance Decline Linie

Die Advance Decline Linie dient der quantitativen Beurteilung eines Gesamtmarktes. Üblicherweise wird dieser Indikator bei bestehenden Indizes wie dem Dow Jones, DAX, Nasdaq usw., eingesetzt und zeigt das Verhältnis zwischen Gewinnern und Verlierern.

Um diese Linie zu errechnen, wird täglich das Verhältnis von Aktien mit Kursverlusten zu Aktien mit Kursgewinnen bei dem betrachteten Börsensegment berechnet. Wenn beispielsweise im DAX die Kurse von 10 Aktien fallen und von 20 Aktien steigen, beträgt der Advance Decline Line an diesem Tage 10.

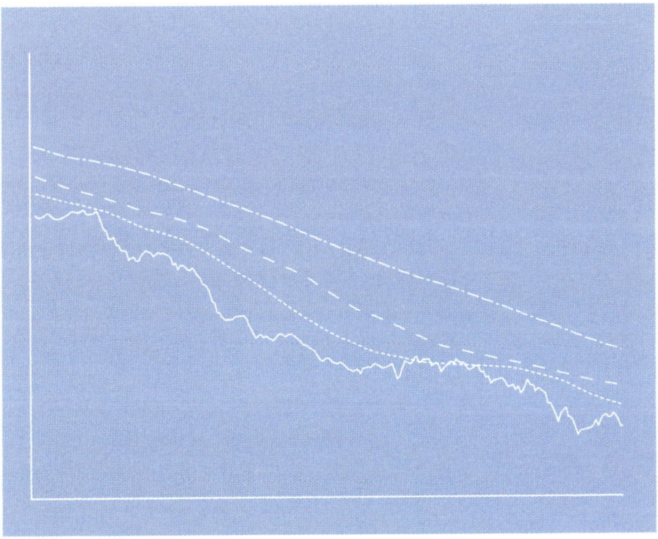

Die **Advance Decline Line** gibt Auskunft über die Schwäche oder Stärke eines Marktes. Von unten nach oben: 7, 50, 100 und 200 Tage-Durchschnitt.

Die Advance Decline Line gibt keinen Aufschluss über die Höhe der einzelnen Kursveränderungen, sondern zeigt lediglich das Verhältnis von Verlierern zu Gewinnern und sollte nur in Verbindung mit Indizes benutzt werden, um so festzustellen, ob der Trend im entsprechenden Markt noch intakt ist.

Der Beta Faktor

Der Beta Faktor spiegelt die Beziehung der Kursentwicklung zwischen einer Aktie und einem Index. Er zeigt somit die Sensibilität des Aktienkurses für Veränderungen des Indexes auf. Wir unterscheiden hier drei Gruppen:

Beta größer 1 bedeutet: Die Aktie bewegt sich in größeren Schwankungen als der Gesamtmarkt.
Beta gleich 1 bedeutet: Die Aktie bewegt sich genauso wie der Gesamtmarkt.
Beta kleiner 1 bedeutet: Die Aktie bewegt sich weniger stark als der Gesamtmarkt.

Aktien mit einem Beta von 1,5 oder mehr gelten als volatil, da der Anleger mit anderthalb mal so starken Kursbewegungen zu rechnen hat.

Climax Indikator

Der Climax Indikator dient der Beurteilung eines Gesamtmarktes oder der darin enthaltenen repräsentativen Werte. Aus den vertretenen Aktien wird der so genannte One-Balance-Volume-Wert errechnet und die Anzahl der Aktien mit einem neuen Höchstwert von denjenigen mit einem neuen Tiefstwert abgezogen. Die fortlaufende Aufzeichnung ergibt so die Climax Linie, aus der die Analysten in Verbindung mit dem Verlauf des Index Aufschluss über die technische Stärke enthalten. Verlaufen beide Linien in entgegengesetzter Richtung, lässt dies auf eine Schwäche im Markt schliessen.

Handelsvolumen

Nicht zu verachten ist das Handelsvolumen einer Börsensitzung. Dabei wird die Summe der innerhalb einer Börsensitzung gehandelten Aktien erfasst. Es gibt nichts Schlimmeres an der Börse als schwache Umsätze. Bei schwachen Umsätzen ist der Markt nicht besonders liquide, was nichts anderes bedeutet, als dass kaum jemand eine eindeutige Meinung zur momentanen Situation hat und erst einmal abgewartet wird, bis sich ein neuer Trend abzeichnet.

Die Stimmung an der Börse kann sich auch im **Handelsvolumen** spiegeln: Schwache Umsätze an diesem Tag an der Madrider Börse. Im Hintergrund die große Anzeigentafel mit dem spanischen Aktienindex IBEX 35.

Momentum Chart

Die Berechnung des Momentums erfolgt durch die fortlaufende Subtraktion des aktuellen Aktienkurses vom Kurs des Wertpapiers vor x Tagen (vom Nutzer zu definieren). Ein Momentum Chart visualisiert die so errechneten Daten. Daraus soll sich eine Trendwende früher ablesen lassen als aus dem gleitenden Durchschnitt. Je nach den individuellen Zielen des Betrachters, das heißt, ob kürzere oder längere Trends beobachtet werden sollen, können hier unterschiedliche Periodenlängen eingestellt werden. Der Durchbruch der Trendgeraden bildet ein Kauf- oder Verkaufssignal.

Money Flow Index

Der Money Flow Index gibt die Höhe des Volumens an, das in den analysierten Wert hinein- bzw. herausfließt. Bei der Erstellung wird Folgendes angenommen:

Befindet sich der Schlusskurs in der Nähe des Höchstkurses, fließt Kapital in den Wert und, anders herum, wenn sich der Schlusskurs in der Nähe des Tiefstkurses befindet, fließt Kapital heraus. Das Ergebnis wird nun mit den Umsätzen multipliziert, und sobald der Money Flow Index steigt, sehen wir einen Aufwärtstrend und umgekehrt.

Relative Stärke

Die Relative Stärke stellt die Stärke der Performance hinsichtlich der zu vergleichenden Werte dar. Üblicherweise wird ein einzelner Wert mit dem passenden Index verglichen, um so zu sehen, ob er sich besser oder schlechter entwickelt als die im Index enthaltenen Titel.

Hat der Index eine relative Stärke von 100 und liegt der zu vergleichende Titel darüber, zeigt das eine relative Stärke gegenüber dem Index. Das bedeutet, dass prozentual größere Kursgewinne und, damit verbunden, geringere Kursverluste als beim Index erzielt wurden.

Und anders herum: Liegt der Wert unter 100 bedeutet dies, dass der verglichene Wert geringere Kursgewinne und größere Kursverluste als der Index erzielt. Es empfiehlt sich generell, Werte mit einer hohen Relativen Stärke ins Depot zu nehmen, da hier höhere Gewinne bei gleichzeitig geringeren Schwankungen als beim Gesamtindex erzielt werden können.

Stochastics

Der Stochastics-Chart beruht auf den Erfahrungen der Vergangenheit, die besagt, dass Kurse in einem Aufwärtstrend am Ende des Beobachtungszeitraums nahe am Höchststand der Periode stehen und umgekehrt in einem Abwärtstrend die Kurse nahe am Tiefstkurs liegen.

Der Chart besteht aus zwei Linien, die sich farbig voneinander unterscheiden. Die »schnellere« Linie entsteht, indem man vom aktuellen Schlusskurs den Tagestiefstkurs des betrachteten Zeitraums (meist 5 Tage) subtrahiert, das Ergebnis wird dann durch das Ergebnis der Subtraktion vom höchsten Tageshochkurs des betrachteten Zeitraums und dem entsprechenden Tief innerhalb des Zeitraums, dividiert. Zuletzt wird das ganze mit 100 multipliziert. Die zweite Linie ist deutlich »einfacher«, da diese den Durchschnitt der letzten drei Perioden widerspiegelt.

Das Ganze erscheint nicht nur recht technisch, es ist es auch. Im Zeitalter moderner Börsenprogramme wird hier die Arbeit von der EDV übernommen. Der Stochastic schwankt zwischen 0 (unwahrscheinlich) und 100 (unwahrscheinlich). Werte, die über 80 liegen, deuten auf einen überkauften oder teuren Bereich, eine Trendwende ist wahrscheinlich, und bei Werten unter 30 spricht man von einem überverkauften oder billigen Markt.

Die Auswertung ist ähnlich wie die beim Momentum. Sobald die schnellere Linie die langsamere nach oben durchbricht, liegt ein Kaufsignal vor und sobald sie die langsame nach unten durchbricht, erhalten wir ein Verkaufssignal. Bei der Auswertung des Charts bedarf es einiger Erfahrung. Nutzen Sie ihn nur in Verbindung mit weiteren Indikatoren, um keiner Fehldeutung zum Opfer zu fallen.

Trend Oszillator

Der Trend Oszillator (TO) zeigt den prozentualen Abstand des Kurses vom gleitenden Durchschnitt (GD) und somit die Bandbreite, in der ein Kurs vom gleitenden Durchschnitt abweicht.

Der gleitende Durchschnitt ist hierbei frei zu wählen, ob 200, 90 oder nur 30-Tage-Linie. Bei starken und anhaltenden Trends ist der Trend Oszillator nicht, beziehungsweise nur in Verbindung mit anderen Indikatoren für eine Entscheidung heranzuziehen, da es hier sehr schnell zu folgenschweren Fehlentscheidungen kommen kann.

Volatilität

Die Volatilität gibt die Schwankungsbreite eines Titels über einen bestimmten Zeitraum an. Hier sind die gebräuchlichsten Zeiträume 20, 90 und 200 Tage. Anhand der Volatilität lassen sich das Risiko, aber auch die Möglichkeiten dieses Wertes darstellen. Die Volatilität zeigt also keinen Trend an, sondern gibt Aufschluss über die Möglichkeiten im Kursverlauf. Sie allein ist wenig aussagekräftig und sollte ebenfalls nur in Verbindung mit anderen Indikatoren für Interpretationen verwendet werden.

Die technische Analyse, die davon ausgeht, dass der bisherige Kursverlauf eines Wertpapiers oder eines Marktes entscheidenden Aufschluss über seine weitere Entwicklung geben kann, ist nur eine Möglichkeit, Kauf- oder Verkaufsentscheidungen vorzubereiten.

Eine andere Möglichkeit ist die Fundamentalanalyse. Sie betrachtet vor allem die finanziellen Verhältnisse eines Unternehmens. Hier wird versucht, mit Hilfe von betriebswirtschaftlichen Kennzahlen den Wert eines Unternehmens festzustellen, um so erkennen zu können, ob der Kurs der Aktie günstig oder gar zu teuer ist. Dazu gibt es eine Reihe von Bewertungskennzahlen, die Ihnen zumindest eine grobe Orientierung zur Einschätzung eines Unternehmens liefern.

Die wichtigsten Kennzahlen zur Aktienbewertung

Das *Kurs-Gewinn-Verhältnis (KGV* oder *PER* für *Price-Earnings-Ratio)* beschreibt die Relation zwischen dem Gewinn einer Firma und ihrem aktuellen Aktienkurs. Die Rechnung dabei lautet: Börsenkurs dividiert durch den geschätzten Gewinn pro Aktie. Das KGV drückt damit einfach nur aus, wie lange es dauert, bis Ihr Einkaufskurs der Aktie durch die zukünftigen Gewinne gedeckt wird. Je niedriger das KGV ausfällt, desto »billiger« ist die Aktie. Es gibt dabei allerdings zwei Schwierigkeiten: zum einen kann die Schätzung der Gewinne je nach Analyst sehr unterschiedlich ausfallen, zum anderen kommt es vor, dass bei extrem niedrigen Börsenkursen das KGV sehr hoch ausfällt, obwohl bei realistischer Betrachtung der aktuelle Börsenkurs viel zu niedrig, die Aktie also »unterbewertet« ist. Dennoch würde das KGV in einem solchen Fall die Aktie als zu teuer ausweisen. Sie sehen also: Eine Kennzahl allein sagt über ein Unternehmen und die Bewertung seiner Aktien nicht genug aus; ziehen Sie immer mehrere Kriterien zu Rate.

$$\textbf{Kurs-Gewinn-Verhältnis} = \frac{\textbf{Aktienkurs}}{\textbf{Gewinn pro Aktie}}$$

PEG-Ratio ist die Bezeichnung für *Price-Earnings to Growth-Ratio* und drückt das erwartete Gewinnwachstum für mehrere Jahre aus. Hierbei wird das KGV (= Price-Earnings-Ratio) durch das jährliche Gewinnwachstum (Growth) in Prozent geteilt. Diese Kennziffer gibt die Einschätzung der Analysten für die nächsten drei bis fünf Jahre wieder und ist sehr beliebt bei jungen, schnell wachsenden Unternehmen. Ein Unternehmen gilt als fair bewertet, wenn sein KGV und das erwartete Gewinnwachstum etwa gleich groß sind, das PEG-Ratio also 1 beträgt. Je größer die Abweichung, umso schlechter fällt die Bewertung aus.

Das *Kurs-Umsatz-Verhältnis (KUV)* ist für Unternehmen wichtig, die noch keine Gewinne erwirtschaften, also immer dann, wenn ein KGV nicht festgestellt werden kann. Hier wird einfach der aktuelle Börsenkurs durch den geschätzten Umsatz je Aktie geteilt. Je kleiner der Wert dabei ausfällt, umso besser für das Unternehmen. Seine Aussagekraft gewinnt das Kurs-Umsatz-Verhältnis durch den Vergleich mit ähnlichen Firmen.

Das *Kurs-Cashflow-Verhältnis (KCV)* ist der Indikator für die Ertragskraft eines Unternehmens. Dabei bezeichnet der Begriff Cashflow den Zuwachs an liquiden Mitteln, den ein Unternehmen erwirtschaftet. Die Berechnungsgrundlagen sind auch hier nicht einheitlich; einbezogen werden im Allgemeinen der versteuerte Jahresgewinn sowie Rückstellungen, Abschreibungen und Wertberichtigungen. Die Rechnung hier lautet: Börsenkurs geteilt durch den geschätzten Cashflow je Aktie. Je geringer das KCV ausfällt, umso interessanter ist die Aktie.

$$\textbf{Kurs-Cashflow-Verhältnis} = \frac{\textbf{Aktienkurs}}{\textbf{Cashflow je Aktie}}$$

Die *Dividendenrendite* ist eine der wichtigsten Kennziffern, die immer dann gefragt ist, wenn die Börsenzeiten schlechter sind. Dabei wird die Nettodividende pro Aktie geteilt durch den Aktienkurs. Die Dividende ist der Anteil eines Aktionärs am Gewinn. Ob dieser ausgeschüttet wird oder nicht, hängt davon ab, wie sich die finanzielle Situation eines Unternehmens darstellt und ob Investitionen oder Rücklagen notwendig sind.

Die Dividendenrendite zeigt an, wie sich das im Unternehmen eingesetzte Kapital der Eigentümer (Aktionäre) verzinst. Eine hohe Dividendenrendite erscheint Ihnen sicherlich auf den ersten Blick interessant und als ein wichtiges Entscheidungskriterium. Allerdings kann dies eine Fehleinschätzung sein, denn gerade stark wachsende Unternehmen mit einem hohen Investitionsbedarf zahlen keine oder nur eine geringe Dividende, verzeichnen aber auf Grund ihrer Geschäftsentwicklung oftmals stetig steigende Aktienkurse an der Börse.

Andererseits kann eine hohe Dividendenrendite auch auf eine rückläufige Geschäftsentwicklung hindeuten, etwa wenn keine Investitionen und Rücklagen notwendig sind. Dies kann dann zu sinkenden Aktienkursen führen.

$$\text{Dividendenrendite in \%} = \frac{\text{Dividende}}{\text{Aktienkurs}} \times 100$$

Die *Umsatzrendite* zeigt auf, wie viel Gewinn von einem Euro Umsatz übrig bleibt. Dabei werden die noch zu zahlenden Steuern und eventuelle Zinserträge nicht berücksichtigt. Die Formel hierfür lautet: Ergebnis vor Steuern und Zinsen mal 100 dividiert durch Umsatzerlöse.

Die Umsatzrendite ist eine Vergleichszahl innerhalb von Branchen und für mehrere Jahre. Sie gewinnt ihre Aussagekraft durch den Vergleich mit anderen Unternehmen der selben Branche. Angenommen, die durchschnittliche Umsatzrendite in einem Wirtschaftszweig beträgt 4 Prozent und das betrachtete Unternehmen erzielt 4,5 Prozent, kann dies zu einer Kaufentscheidung beitragen. Denn man wird davon ausgehen, dass das Unternehmen entweder günstiger produziert als seine Mitbewerber oder höhere Preise erzielen kann. Liegt das Unternehmen unter dem Branchendurchschnitt, kann dies auch als Hin-

$$\text{Umsatzrendite in \%} = \frac{\text{Ergebnis}}{\text{Umsatzerlöse}} \times 100$$

weis gewertet werden, dass es über ein Steigerungspotential verfügt, das jedoch erst noch erarbeitet werden muss. Somit relativiert sich diese Zahl.

Der *Buchwert* eines Unternehmens gibt Aufschluss darüber, mit welchem Betrag alle Vermögensteile eines Unternehmens, materielle wie auch immaterielle sowie Schulden an einem bestimmten Stichtag, in der Bilanz ausgewiesen werden. Er gibt darüber Aufschluss, welche rechnerischen Werte die Firma im Geschäftsjahr geschaffen oder vernichtet hat.

Das Verhältnis zwischen dem Buchwert eines Unternehmens und seinem Marktwert an der Börse kann weit auseinander gehen. Liegt der Marktwert viel höher, so halten die Aktionäre die Firma für wertvoller als das Betriebsvermögen dies rechtfertigt. Klafft die Lücke zu weit auseinander, ist Vorsicht geboten – nicht zuletzt die Entwicklung im IT-Bereich hat dies gezeigt.

Der *Verschuldungsgrad* zeigt, wie viel Schulden ein Unternehmen nach Abzug ausstehender Forderungen und unter Berücksichtigung des Schuldenstandes aus der letzten Bilanz netto hat. Er gibt an, wie das Verhältnis zwischen Fremdkapital und Grund- bzw. Eigenkapital ist. Ein höherer Verschuldungsgrad kann auf der einen Seite wohl für eine höhere Eigenkapitalrendite sorgen, lässt aber bei Banken eine eher negative Einschätzung aufkommen und das kann zu höheren Zinsen für die Fremdfinanzierung führen.

Die *Forschungs- und Entwicklungsquote (F&E-Quote)* wird insbesondere bei Unternehmen aus dem Pharma-, Biotechnologie- und Technologiebereich berechnet, in dem die Forschungs- und Entwicklungskosten durch den Umsatz pro Jahr geteilt werden. Die F&E-Quote gibt an, wie viel ein Unternehmen in die Forschung und die Entwicklung von neuen Produkten investiert. Diese Kennzahl ist daher vor allem für den Vergleich von Unternehmen innerhalb einer Branche hilfreich.

Die *Eigenkapitalquote (EKQ)* ist ein Gradmesser für die wirtschaftliche und finanzielle Stabilität einer Firma und steht für den prozentualen Anteil des Eigenkapitals an der Bilanzsumme. Zum Eigenkapital zählen neben dem Grundkapital, also dem Nennwert aller ausgegebenen Aktien, die Kapitalrücklage (welche den Unterschied zwischen dem ersten Börsenkurs und dem Nennwert darstellt) und die Gewinnrücklage, also die Ersparnisse.

$$\text{Eigenkapitalquote} = \frac{\text{Eigenkapital}}{\text{Bilanzsumme}} \times 100$$

EVA (Economic Value added) ist eine neue Kennziffer, die sich mit der Qualität und den Strategien des Managements beschäftigt. Das heißt, hier wird die Arbeit der Unternehmensführung bewertet. Untersucht wird, ob eine Investition mehr Rendite erwirtschaftet als die Anlage der Summe am freien Kapitalmarkt. Als Messgröße gilt das Verhältnis der Kapitalkosten zum operativen Ergebnis. Übersteigt dieses die Kapitalkosten, ist EVA positiv, was auf eine Wertsteigerung innerhalb des Unternehmens hinweist.

Gerade junge und Wachstumsunternehmen bedienen sich gerne der Kennzahl *EBIT, Earnings before Interest and Taxes*. Hier wird nach dem Gewinn vor Zinsaufwendungen und Steuern gefragt, um die Unterschiede in der Kapitalstruktur und die durch einen Standort bedingten, eventuell niedrigeren Steuern außen vor zu lassen. EBIT ist ein internationaler Standard, der einen guten Hinweis darauf gibt, in wie weit ein Unternehmen in der Lage ist, seine Schulden zu zahlen, beziehungsweise Gewinne auszuschütten.

Ist EBIT positiv, liegt ein gutes Geschäftsergebnis vor. Diese Kennzahl ist vor allem für junge Unternehmen wichtig, denen oftmals die mit einem hohen Fremdkapitalanteil verbundenen Zinsaufwendungen ein gutes Geschäftsergebnis verderben.

Ad-hoc-Meldungen

So hilfreich sie auch sind, Sicherheit über die Kursentwicklung einer Aktie können auch Kennzahlen und Bewertungssysteme nicht geben, zumal viele der in den Kennziffern benutzten Daten auf Schätzungen basieren. Und diese Schätzungen wiederum werden von Analysten vorgenommen, die oft sehr unterschiedlicher Meinung sind, so dass es nicht selten vorkommt, dass die Kennziffern für ein Unternehmen sich je nach der Ansicht der Analysten grundlegend voneinander unterscheiden. Letztendlich entscheiden an der Börse Angebot und Nachfrage über den Preis der Aktie und meist weniger die absoluten Zahlen und der Wert des Unternehmens. Die Börse lebt nun einmal von den Erwartungen der Anleger, und diese basieren nicht allein auf messbaren Größen.

Ebenso wie die Chartanalyse kann die auch Fundamentalanalyse leider die Kursentwicklungen nicht genau voraussagen. Sie kann aber Anhaltspunkte liefern. Doch Vorsicht ist geboten: Selbst wenn beide positive Ergebnisse liefern, ist dies noch lange keine Garantie für eine gewinnbringende Entwicklung an der Börse. Anleger sollten unbedingt das Börsengeschehen verfolgen und alle Quellen nutzen, um sich über die Unternehmen zu informieren.

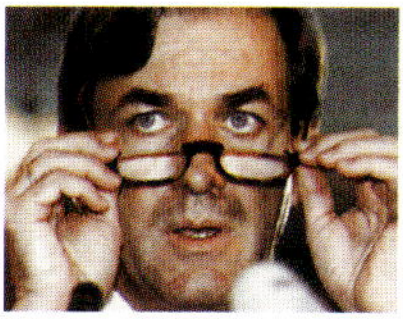

Die **Firma M.TV**, hier der ehemalige Geschäftsführer Thomas Haffa, einst einer der Shooting Stars am Neuen Markt, heute fast ein Pennystock, wird von Aktionären wegen einer falschen **Ad-hoc-Meldung** belangt.

Eine wichtige Informationsquelle sind sogenannte Ad-hoc-Meldungen, die von den Unternehmen herausgegeben werden. Aktiengesellschaften, die im Amtlichen Handel oder im Geregelten Verkehr gehandelt werden, sind gesetzlich verpflichtet, neben dem Jahresbericht und Zwischenberichten ihre Aktionäre über wichtige Ereignisse und Entwicklungen unverzüglich (ad hoc) zu informieren. Solche Ereignisse sind etwa Übernahmepläne oder Gewinneinbrüche. Gerade in den letzten beiden Jahren ist es vorgekommen, dass gezielt falsche Ad-hoc-Meldungen ausgegeben wurden, um den Aktienkurs zu steigern. Nach ersten Gerichtsurteilen zu Lasten von Unternehmen mit falschen oder gefärbten Ad-hoc-Meldungen kann man wohl davon ausgehen, dass sie inzwischen wieder zuverlässiger geworden sind.

Konjunkturdaten

Ein weiterer wichtiger Bestandteil der Fundamentalanalyse ist die Einbindung der Konjunkturdaten, denn Unternehmen bewegen sich nicht im luftleeren Raum. Die seit Jahren zunehmende Globalisierung hat erheblichen Einfluss auf die Kursentwicklung an den Weltbörsen. So können sich etwa deutsche Unternehmen, auch wenn sie selbst über gute Rahmendaten verfügen, einem schlechten wirtschaftlichen Umfeld und damit schwankenden oder gar lustlosen Börsenentwicklungen in den USA nicht entziehen. Nicht umsonst heißt es: »Wenn die Wall Street hustet, bekommt die Frankfurter Börse die Grippe!«

Die *fundamentalen Konjunkturdaten* und damit die *allgemeine Wirtschaftsituation* hat erheblichen Einfluss auf die Börse: So erhöhen niedrige Zinsen die Investitionsquote, regen die Wirtschaftsentwicklung an und sorgen für steigende Gewinne und damit folglich auch für ein positives Börsenklima. Steigende Zinsen hingegen reduzieren die Kreditaufnahme und damit die Investitionsquote und die Wirtschaftsentwicklung. Die Gewinne sinken, die Börsenkurse sind rückläufig. Eine hohe Investitionsquote zeugt von positiver Stimmung in den Unternehmen in Bezug auf ein zu erwartendes Wirtschaftswachstum, und sie beeinflusst damit die Börsen ebenfalls im positiven Sinne.

Berg- und Talfahrt
der Konjunktur

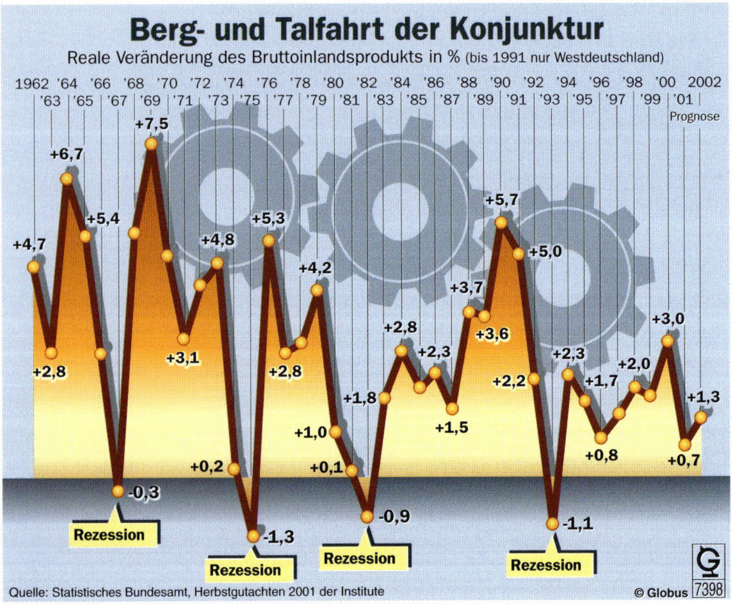

Welche Richtung die Zinsen einschlagen, hängt maßgeblich davon ab, wie die Europäische Zentralbank (EZB) und die amerikanische Zentralbank (FED) die Konjunktur sowie die Inflationsgefahr einschätzen. Beide regeln über die Anhebung oder Senkung der Leitzinsen die gesamte Geldversorgung von Volkswirtschaften.

Ein weiterer wichtiger Indikator ist die Arbeitslosenquote. Dabei spielt für uns die hohe Arbeitslosigkeit in Deutschland eher eine untergeordnete Rolle, alle Augen richten sich vielmehr auf die Daten aus den USA. Sind diese schlecht, kann das unter Umständen, je nach Stimmung an der Börse, negative Auswirkungen auf Deutschland und Europa haben. Auch dies ist ein Effekt der Globalisierung.

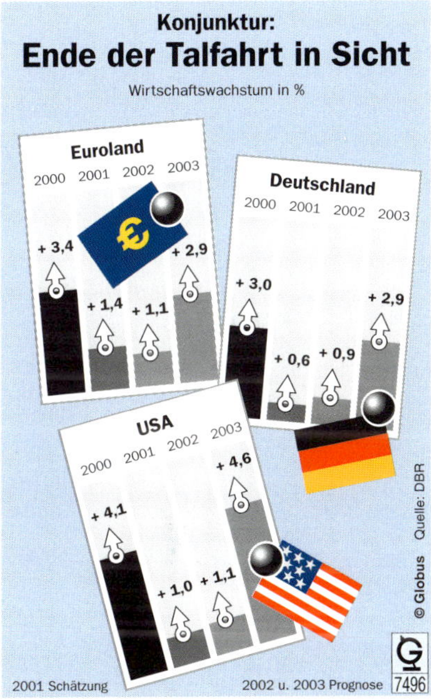

Ende der Talfahrt?

Ein ganz wichtiges Barometer ist das Verbraucherverhalten oder auch das Verbrauchervertrauen. Sorgen diese für steigende Umsätze bei den Einzelhandelsunternehmen, ist dies ebenfalls ein Indiz für zu erwartende Kurssteigerungen. Umgekehrt führt ein rückläufiges Konsumentenverhalten meist zu einem Abschwung.

Steigende Preise und eine steigende Inflation sind für die Zentralbanken meist Anlass, Zinserhöhungen durchzuführen, um die Inflationsgefahr abzuwehren.

Aber auch die Währungsentwicklungen können einen nicht unbeträchtlichen Einfluss auf die Börsen haben. Ein schwacher Euro macht europäische Produkte im Ausland, allen voran in den USA, sehr interessant. Umgekehrt reduziert ein starker Euro das Interesse an deutschen Produkten, was unserer Exportwirtschaft größere Probleme bereiten und zu negativen Entwicklungen an den Börsen führen kann.

Der **Geschäftsklima-Index** des Instituts für Wirtschaftsforschung ist ein wichtiger Indikator für die konjunkturelle Entwicklung. Jeden Monat befragt das Ifo-Institut über 7.000 Unternehmen zu ihrer Einschätzung der konjunkturellen Lage und ihren Planungen (www.ifo.de)

Frühindikatoren

Wie sich die Wirtschaft und somit die Börsen entwickeln können, versuchen Volkswirtschaftler und Analysten an den so genannten Frühindikatoren zu erkennen. Dazu gehören in Deutschland unter anderem die Auftragseingänge in der Industrie, die Kapazitätsauslastung im produzierenden Gewerbe und der Ifo-Geschäftsklima-Index.

In den USA sind der Index der Nationalen Einkaufsmanager (NAPM) sowie der Index der Frühindikatoren wichtige Stimmungsbarometer. Aber die entscheidenden Impulsgeber für die amerikanische Börse scheinen immer noch Reden des US-Zentralbankchefs, Alan Greenspan, zu sein. Vor allem den halbjährlichen Reden vor dem Bankenausschuss des amerikanischen Repräsentantenhauses wird große Bedeutung zugemessen. Auch hier hat sich in der Börsenwelt eine Weisheit manifestiert: »You can't beat the Fed«, also die Fed ist nicht zu schlagen. Damit ist gemeint, dass es nichts bringt, sich dem Trend entgegen zu stellen, der durch die Handlungen der Fed (Zinserhöhungen oder -senkungen) hervorgerufen wird.

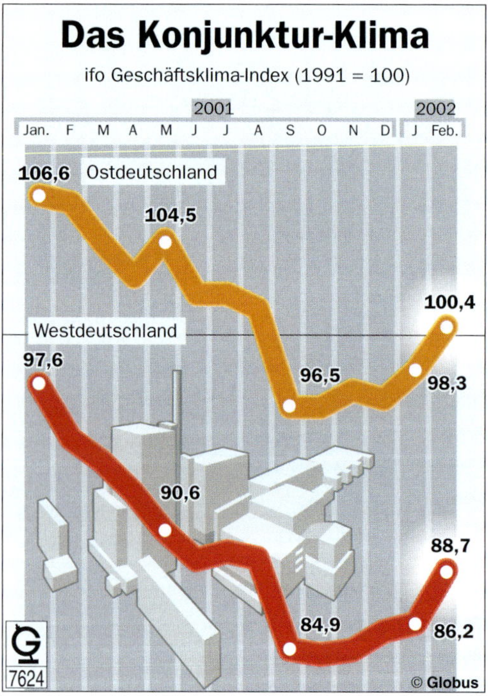

Generell sind Zinssätze und Inflationsrate wichtige Indikatoren für die zu erwartende Börsenentwicklung. Die monetäre Entwicklung ist stets ein wichtiger Bestandteil der Konjunkturverläufe. So werden in der

Geldmenge sowie der Höhe der Zinsen marktbeeinflussende Faktoren für das Anlegerverhalten gesehen:

Eine niedrige Inflationsrate und Zinsen sorgen für steigendes Interesse an alternativen Anlageformen zu den niedrigverzinslichen Geldmarkt- und festverzinslichen Wertpapieren, so dass ein Trend zu Aktien zu verzeichnen ist.

Umgekehrt sorgen hohe Zinsen und eine hohe Inflationsrate eher für eine Hinwendung zu festverzinslichen Wertpapieren und weg von Aktien.

Jede Entscheidung, die **Alan Greenspan, Chef der US-Zentralbank**, trifft, hat nicht nur Einfluss auf die amerikanische Wirtschaft, sondern weit darüber hinaus. Wohl wissend um die Bedeutung seiner Entscheidungen für die Börsen der Welt, gibt er sich selbst bei Pressekonferenzen gern geheimnisvoll: »Ich weiß, Sie glauben verstanden zu haben, was ich Ihrer Meinung nach sagte, aber ich bin mir nicht so sicher, ob sie merken, dass das, was Sie hörten, nicht das ist, was ich meinte«, ist ein inzwischen schon legendärer Ausspruch.

Branchentrends

Einfluss auf die Börsenentwicklung eines Unternehmens hat nicht zuletzt auch der jeweilige Branchentrend.

Bedingt durch die Globalisierung ist bei der Aktienauswahl zunehmend nicht mehr das »Wo«, sondern das »Was« entscheidend. Das heißt, dass weniger die Länderauswahl als vielmehr die Branchenzugehörigkeit eines Unternehmens für eine erfolgreiche Aktieninvestition wichtig ist. Insbesondere gilt dies für die Euroländer. Die Kursentwicklung einer Aktie ist heute immer mehr vom Branchentrend abhängig. Und so hat die Kursentwicklung eines großen Unternehmens oft eine Sogwirkung für eine ganze Branche. Zeigt etwa ein Unternehmen aus dem Technologiebereich eine gute bis überragende Kursentwicklung, wirkt sich dies auch positiv auf die meisten anderen aus.

Bevor Sie in Aktien investieren, ist es deshalb unbedingt notwendig, sich darüber zu informieren, welche Branchen gerade im »Trend« beziehungsweise welche derzeit und auf absehbare Zeit eher weniger gefragt sind. Dabei zeichnen sich drei Megatrends innerhalb der Wachstumsbranchen ab:

- Die Überalterung der Bevölkerung wirkt sich positiv auf die Branchen Pharma, Banken/Finanzen und Energie aus.
- Der technische Fortschritt ist nicht aufzuhalten und sorgt immer wieder für einen erheblichen Schub

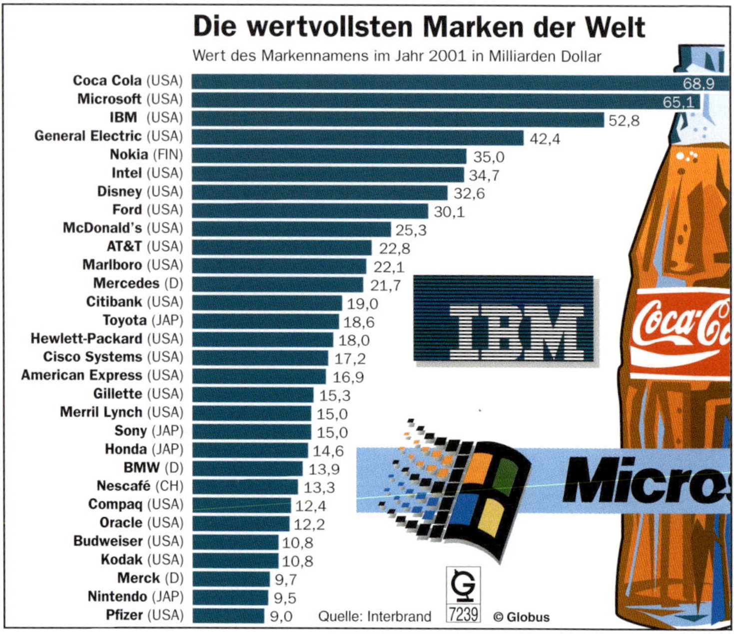

Die Globalisierung fördert das Entstehen **weltweiter Marken** (= Unternehmen). So ist der Markenname von AMAZON fast mehr wert als das gesamte Unternehmen. Ebenso profitieren Firmen wie Microsoft, CocaCola, Addidas, Reebock, Gillette, L'Oreal, um nur einige zu nennen.

in den Branchen Technologie und Biotechnologie, auch wenn die akteullen Entwicklungen nicht unmittelbar darauf hindeuten.

- Ein wichtiger Trend ist schließlich das »Branding«. Darunter versteht man die Stärkung des Markennamens, der oftmals fast so viel wert sein kann wie der Umsatz. Globale Marken finden sich weltweit überwiegend in den Bereichen Konsum, Technologie und Finanzen.

Auch wenn es Ihnen nach diesen Ausführungen vielleicht so erscheint: Sie müssen als Anleger nicht zum professionellen Analysten oder Volkswirt werden. Die Beschäftigung mit Indikatoren und Konjunkturdaten ist jedoch wichtig, um das Geschehen an der Börse zu begreifen und im Ernstfall rechtzeitig Gewinne mitzunehmen oder einen günstigen Zeitpunkt für den Einstieg zu finden.

Informationen für die Fundamentalanalyse und Konjunkturdaten finden Sie in den einschlägigen Börsenzeitschriften oder in den bekannten Nachrichtensendungen, vor allem aber auch im Internet bei den Börseninformationsdiensten (siehe Adressenverzeichnis im Anhang S. 173 f).

Unentbehrliche Informationsquellen für alle, die sich über Branchentrends informieren wollen: die **Financial Times Deutschland** und das **Handelsblatt**.

Auskünfte über Branchentrends liefern vor allem das *Handelsblatt* und die *Financial Times Deutschland.* Letztere bietet ein Branchen-Performance-Rating, das die Wirtschaftsbereiche nach deren Stärke beurteilt. Die Entwicklungen der Branchen in Deutschland können Sie an den Teilindizes des Composite-DAX (CDAX) erkennen. Dieser umfasst alle Aktien im Amtlichen Handel der Frankfurter Börse und gibt Auskunft über die Entwicklung in den 28 wichtigsten Branchen, von A wie Automobil bis V wie Versicherung.

Wie im Kapitel »Grundwissen Aktien« (siehe S. 62) beschrieben, können Sie die für Sie interessanten Wertpapiere leider nicht direkt an den Börsenplätzen dieser Welt kaufen. Die Handelsplätze sind amtlich bestellten und vereidigten Maklern sowie den Börsenhändlern der Banken vorbehalten, auch wenn der Handel im elektronischen XETRA-System durchgeführt wird. Dieser müssen Sie sich bedienen, wenn Sie einen Kauf oder Verkauf von börsennotierten Wertpapieren durchführen wollen.

Der erste Schritt ist daher die Eröffnung eines Wertpapierdepots bei einer Bank oder einer Brokergesellschaft. Die Suche nach einem Partner für den Wertpapierhandel gestaltet sich im Regelfall nicht so leicht. Natürlich können Sie ganz einfach Ihre bisherige »Hausbank« mit den Ausführungen beauftragen, doch klären Sie in jedem Fall einige wichtige Punkte: in erster Linie die Frage der Gebühren, die mit dem Wertpapierhandel und Verwahrung der Aktien verbunden sind. Ebenfalls wichtig: Einfachheit und Schnelligkeit der Orderaufgabe sowie die Dokumentation der Vorgänge und der Depotauszüge.

Doch wer ist nun wirklich der beste Partner für den Wertpapierhandel? Dies kann leider so pauschal nicht beantwortet werden, da es maßgeblich von Ihnen selbst abhängt, vor allem davon, wie viel Kenntnis Sie haben, in welchem Umfang Sie regelmäßig oder unregelmäßig handeln wollen und welche Summen Sie anlegen möchten.

Wie wichtig es ist, sich vor dem ersten Schritt ins Börsengeschehen über die verschiedenen Möglichkeiten zu informieren, wird den meisten Anlegern und Anlegerinnen erst dann bewusst, wenn sie irgendwann später einmal feststellen, dass eine andere Bank oder ein Brokerhaus die bessere Wahl gewesen wäre und dann wechseln wollen. Ein Wechsel ist fast immer mit Kosten verbunden, und erschwerend kommt noch hinzu, dass eine Depotübertragung von einer Bank zur anderen oder zu einem Brokerhaus eine gewisse Zeit dauert, währenddessen ein Handel, also eine Reaktion auf Veränderungen an den Börsen, nicht möglich ist.

Consors — Wertpapierinformation

Depotauszug

PER 31.12.2001 FUER DEPOTNUMMER [redacted]

SEITE: 1

Rev. - Postfach 17 43 - 90006 Nürnberg

6640 / 5076 / 7227

Sehr geehrte Kundin, sehr geehrter Kunde,

hiemit überreichen wir Ihnen Ihren aktuellen Jahresdepotauszug.

Bitte prüfen Sie die Aufstellung Ihres Wertpapierbestandes auf Richtigkeit und Vollständigkeit. Einwendungen sind innerhalb von 6 Wochen ab Zugang an uns zurückzusenden. Die Unterlassung rechtzeitiger Einwendungen gilt als Genehmigung.
Wir bitten Sie, Einwendungen an unsere Revisionsabteilung zu richten. Die im Depotauszug angegebenen Kurse und Rücknahmepreise stimmen mit den vermögenssteuerlich maßgebenden Werten des Stichtages 28.12.2001 überein.
Die Vermögensteuer wurde per 1.1.1997 ausgesetzt. Bei Bundesschatzbriefen Typ B sind im Kurs nur die Zinsen für volle Zinsjahre ab Ausgabetag enthalten (Erlass des Finanzministeriums NRW vom 8.2.1978 S.3103-6VA4). Für ausländische Werte, die im Inland nicht im amtlichen Handel oder im geregelten Freiverkehr notiert werden, ist der Originalkurs der Heimatbörse zugrunde gelegt. Soweit Kursangaben fehlen, handelt es sich entweder um ausländische Wertpapiere, für die ein Jahresschlusskurs nicht rechtzeitig festgestellt werden konnte, oder um unnotierte inländische Werte.

Mit freundlichen Grüßen

Ihr Consors Discount-Broker AG

WR = Wertpapierrechnung
Clearstream International = internationaler Wertpapier-Zentralverwahrer mit Sitz in Luxemburg

Währung	Anzahl/Nennwert	Zinssatz %	Wertpapier	Kenn-Nummer / Verwahrart	Wertpapierkurs / Devisenkurs		Kurswert
ST	100,0000		MEDIGENE AG NAMENS-AKTIEN O.N.	502090 GIROSAMMELVERWAHRU	20,85 1,0000	EUR	2.085,00
ST	65,0000		AOL TIME WARNER INC. SHARES DL -,01	502251 WR USA/KANADA	36,00 1,0000	EUR	2.340,00
ST	300,0000		PARSYTEC AG AKTIEN O.N.	508990 GIROSAMMELVERWAHRU	6,00 1,0000	EUR	1.800,00
ST	672,0000		TOMORROW FOCUS AG AKTIEN O.N.	549532 GIROSAMMELVERWAHRU	2,03 1,0000	EUR	1.364,16
ST	150,0000		DEUTSCHE TELEKOM AG NAMENS-AKTIEN O.N.	555750 GIROSAMMELVERWAHRU	19,00 1,0000	EUR	2.850,00
ST	25,0000		T-ONLINE INTERNATIONAL AG NAMENS-AKTIEN O.N.	555770 GIROSAMMELVERWAHRU	10,82 1,0000	EUR	270,50
ST	16,0000		AVAYA INC. SHARES DL -,01	564722 WR USA/KANADA	13,40 1,0000	EUR	214,40
ST	500,0000		ABACHO AG AKTIEN O.N.	568030 GIROSAMMELVERWAHRU	0,49 1,0000	EUR	245,00
ST	1.100,0000		EM.TV & MERCHANDISING AG AKTIEN O.N.	568480 GIROSAMMELVERWAHRU	1,20 1,0000	EUR	1.320,00

FORTSETZUNG BLATT 2

Dieser Depotauszug wird nicht unterschrieben.

Der **Depotauszug** zeigt, welche Werte in welcher Menge Ihr Aktiendepot am Stichtag enthält und zu welchem Kurs sie gehandelt werden.

Sehr zum Vorteil der Anleger und Anlegerinnen ist ein kleiner Preiskrieg zwischen den Banken entbrannt, seit die Discountbroker und Direktbanken auf dem

Ein **Aktiendepot** kann fast jede Geschäftsbank für Sie führen; hier finden Sie auch fachmännische Beratung und Unterstützung für Ihre Börsengeschäfte.

deutschen Markt sind. Hier sind inzwischen die Gesamtgebühren im Durchschnitt schon um gut 60 Prozent günstiger geworden. Und die Angebote und Preisreduzierungen der einzelnen Banken sind noch nicht zum Stillstand gekommen. Sicherlich ist die Höhe der Gebühren ein wichtiges Auswahlkriterium, aber nicht das alleinige. Ein weiteres Kriterium sind die Informationen und deren Form, die Ihnen ein Anbieter offeriert. Letztendlich sind auch Beratungsangebot und Beratungsqualität ein Entscheidungskriterium.

Einige wichtige Fragen, die Sie sich stellen sollten, bevor Sich sich für einen Anbieter entscheiden:

- Wie ist mein Wissensstand in Bezug auf börsennotierte Wertpapiere?
- Benötige ich Beratung und Hilfestellung oder bin ich eine Person, die leicht und schnell die Entscheidungen selbst treffen kann?
- Was ist mein Anlageziel?
- Wie häufig möchte ich handeln?
- Investiere ich dabei eher kleinere oder größere Summen pro Auftrag?
- Verfolge ich das Börsengeschehen regelmäßig und kann ich demzufolge auch entsprechend reagieren, wenn es erforderlich wird?
- Bin ich bereit für eine persönliche Betreuung entsprechend mehr Geld zu zahlen?

Geschäftsbanken

Wer keine Zeit hat, nicht über einen kostengünstigen Internetzugang und einen Computer verfügt und vor den meisten Entscheidungen noch eine Beratung in Anspruch nehmen will, sollte sich für eine der normalen Geschäftsbanken entscheiden.

Wenn Sie sich für eine Geschäftsbank mit Beratung und normaler Depotführung entscheiden, heißt das noch lange nicht, dass Sie nicht über die Gebühren verhandeln könnten, vor allem dann, wenn die Depotgröße mehr als 30.000 Euro beträgt. Informieren Sie sich beispielsweise in Fachzeitschriften, z. B. *Finanz-*

Auch die Geschäftsbanken bieten **individuelle Vermögensberatung** – allerdings nicht für Kleinanleger.

test oder per Internet über die aktuellen Gebührenstrukturen für Aktiendepotverwaltung, damit Sie ein Gefühl für die reale und übliche Gebührenlandschaft haben. Sprechen Sie mit Ihrer Bank über das Angebot, das sie Ihnen unterbreitet.

Eine individuelle Depotverwaltung dürfen Sie von den Geschäftsbanken in aller Regel nicht erwarten. Geldinstitute bieten erst ab einer Größenordnung von 125.000 Euro und mehr eine gemanagte Depotführung an. Private Banking lautet hier das Stichwort. Eine Garantie für ein besseres Ergebnis ist damit allerdings nicht verbunden.

Den Kaufempfehlungen Ihrer Bank sollten Sie durchaus mit einer gewissen Skepsis begegnen. Im Zweifelsfall lieber noch weitere Informationen einholen, um sicher zu gehen, dass nicht blindlings Kauforders des Hauses, sondern wirklich interessante Aktien zum Kauf anstehen.

Brokerhäuser

Wer professionelle Beratung und Betreuung wünscht und mehr als 30.000 Euro anlegen will, sollte sich bei den in Deutschland tätigen Brokerhäusern informieren.

Hornblower Fischer, Merrill Lynch oder Prudential Bache, um nur einige zu nennen, gehören zu den bekanntesten Adressen, wenn es darum geht, Geld in einem aktiven Wertpapierdepot direkt von Brokerhäusern verwalten zu lassen. Doch auch hier sind die Hürden für eine individuelle Betreuung ziemlich hoch. Von 25.000 bis zu 250.000 Euro reicht die Messlatte. Hinzu kommt die Frage der Gebühren – Bequemlichkeit hat bekanntlich ihren Preis.

Dicountbroker und Online-Banking

Wer sich seine Informationen selbst beschafft und überdies schnell und oft sowie preisgünstig handeln will, ist bei den Direkt- bzw. Discountbanken oder beim Online-Order-Angebot der Geschäftsbanken gut aufgehoben. Der Börsenboom in den Jahren 1999 und 2000 sorgte

Private Banking ist das Stichwort, wenn es um individuelle Vermögensberatung geht.

bei den Discount-Brokern für florierende Geschäfte. Doch die guten Zeiten sind inzwischen vorbei, und der Verbraucher sollte auch hier kritisch die Leistungen verschiedener Anbieter vergleichen.

Discountbroker oder Direktbanken sind genau genommen nichts anderes als die Online-Ableger (Töchter) verschiedener deutscher Geschäftsbanken. Nachdem das Direktgeschäft mit geringem Personaleinsatz und wenig Aufwand zunächst in den USA boomte, wurde die Idee auch in Deutschland umgesetzt. Verglichen mit der Filialtätigkeit deutscher Banken ist das Direktgeschäft kostengünstiger, und genau da liegt für Sie als Anleger/In der Vorteil.

In Kauf nehmen müssen Sie dafür allerdings den Verzicht auf eine individuelle Ansprache und Beratung. Denn diese gehört im Regelfall nicht zum Repertoire der Direktbanken. Dennoch sind Direktbanken eine interessante Möglichkeit für aktive Anleger, beim Aktienhandel und der dann folgenden Depotführung erhebliche Kosten zu sparen. Außerdem darf die Schnelligkeit nicht übersehen werden. Wo bei der Hausbank erst einmal der Gang zum Schalter, die Orderausfüllung und -ausführung beträchtliche Zeit in Anspruch nimmt, können Sie als Direktanleger von Ihrem Wohn- oder Arbeitszimmer aus mit Hilfe eines PCs mit Internetzugang direkt auf Ihr Depot bei der Direktbank zugreifen, die Order vollelektro-

Ein wichtiger Trend beim Internetbanking: Die **Direktbanken** werden zukünftig auch Beratung – teils auf Honorarbasis – anbieten.

nisch ausführen und erhalten innerhalb weniger Minuten die Ausführungsbestätigung. Das heißt, als Direktbankkunde können Sie im Regelfall viel schneller handeln als dies über eine gewöhnliche Hausbank möglich ist.

Und damit sind die Grundvoraussetzungen für die Zusammenarbeit mit den Discountbanken ganz klar definiert: Sie benötigen einen PC, einen Internetanschluss und vor allem die Zeit, sich regelmäßig mit Ihren Käufen, Verkäufen und der gesamten Depotstruktur zu beschäftigen. Ganz wichtig: Ebenso wenig wie die Hausbank immer eine schlechte Aktiendepotbetreuung bietet, sind mit einem Discountbroker Aktiengewinne vorprogrammiert.

Welcher Anbieter nun für Sie persönlich der richtige Partner für Ihren Wertpapierhandel ist, hängt also ganz wesentlich von Ihrer persönlichen Einstellung, Ihren Möglichkeiten, der Zeit, die Sie opfern wollen/können und vor allem von Ihrem Engagement ab, aber natürlich auch von den Kosten.

maxblue
Deutsche Bank
DAS ONLINE INVESTMENT CENTER

Ein weiterer wichtiger Trend: bei den **Geschäftsbanken** gehen **Online**-Töchter ans Netz.

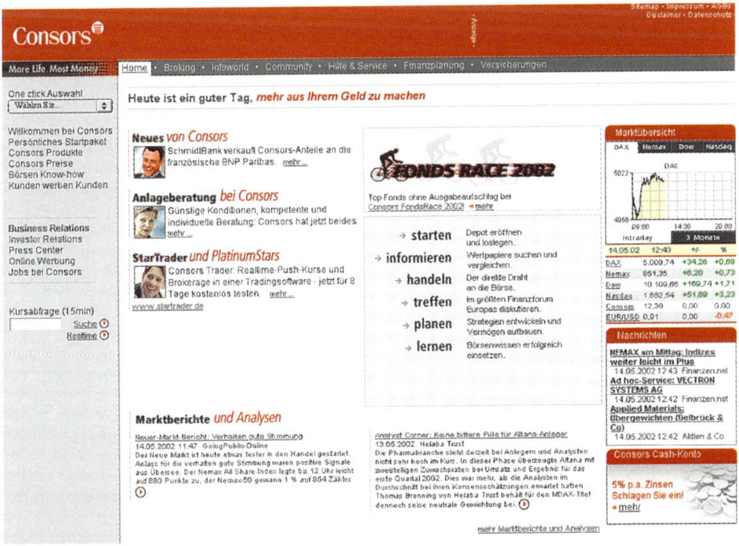

Discountbroker werben mit günstigen Depotgebühren.

Die Aktienanlage ist nicht nur eine interessante, sondern vor allem langfristig die attraktivste Anlageform, wenn Sie ein paar Grundlagen und Strategien berücksichtigen. Die Risiken einer Aktienanlage sind nicht unerheblich. Die Börse ist nun mal keine Einbahnstraße, die nur steil bergauf führt. Sie können mit Aktien langfristig gute und überdurchschnittliche Gewinne erzielen, leider aber auch sehr schlechte Erfahrungen machen. Wie die letzten Jahre zeigten, sind die Kursschwankungen an den Börsen unter Umständen sehr groß.

Beherzigen Sie auf jeden Fall die Empfehlung, nur das Geld in Aktien anzulegen, auf das Sie wirklich auch längerfristig, also mindestens 5 Jahre und mehr, verzichten können. Investieren Sie, auch wenn es bei einer guten Börsenentwicklung noch so verlockend erscheint, niemals auf Kredit. Das ist der wichtigste Hinweis, den wir Ihnen geben können.

Der richtige Einstieg in den Aktienmarkt
Gegen den Strom zu schwimmen hat noch nie geschadet, aber es ist nicht so einfach. Dennoch: der beste Einstiegszeitpunkt in Aktien ist in der Rezession. Denn die von Erwartungen und Hoffnungen geprägte Börse nimmt die Realität meist um einige Zeit vorweg, das heißt, wenn die Nachrichten am schlechtesten sind, fangen die Aktienmärkte bereits mit einer leichten Erholung und später mit einem echten Aufwärtstrend an. Wer also den Mut hat, gerade dann, wenn alle Daten und Informationen nichts Gutes verheißen, den Sprung ins kalte Wasser zu wagen, wird meistens durch bald darauf steigende Aktienkurse belohnt.

Der richtige Anlagemix

Eine Investition in Aktien sollte immer nur einen Teil der gesamten Anlagesumme ausmachen. Wobei der Prozentsatz sicherlich nicht von der Formel »100 minus Lebensalter« abhängig sein sollte, sondern vielmehr von beruflichen und steuerlichen Voraussetzungen sowie den persönlichen Verhältnissen und Erfahrungen, die bereits mit den verschiedenen Anlagemöglichkeiten gemacht wurden. Wichtig ist auf jeden Fall, dass für »alle Fälle« ausreichend Liquidität in Form von Tagesgeld oder anderen, kurzfristig verfügbaren Geldern vorhanden ist und die restliche Anlagesumme auf die verschiedensten Anlageformen, je nach Ausrichtung und Anlagezielen, verteilt ist.

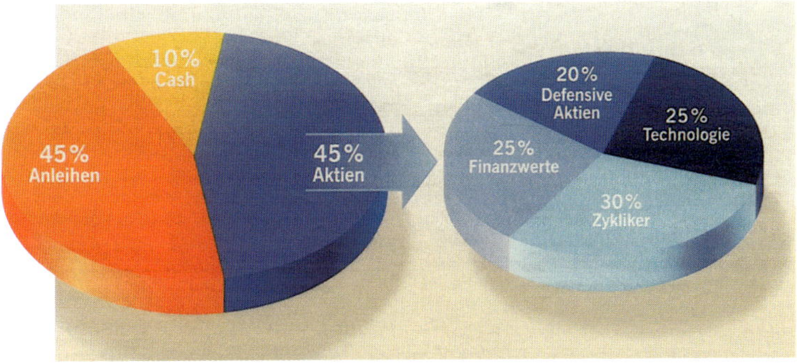

Der **Anlagemix** sollte stets an die wirtschaftliche Gesamtsituation angepasst werden. Das Modell zeigt eine Aufteilung je zur Hälfte in festverzinsliche Papiere und Aktien. Ein Drittel des Aktiendepots besteht aus so genannten Zyklikern (Auto, Bau, Chemie, Maschinenbau), daneben zu gleichen Teilen Finanzwerte und Technologie sowie 20 Prozent defensive Werte aus dem Gesundheits- und Konsumbereich.

Der Anlagehorizont

Investitionen in Aktien sind auf jeden Fall längerfristig zu betrachten, es sei denn, man möchte damit kurzfristig spekulieren. Dann gelten natürlich andere Regeln. Wenn nicht, sollte bei Aktien immer ein längerer Anlagehorizont im Vordergrund stehen. Müssen Aktien kurzfristig abgestoßen werden, um an Bargeld zu kommen, drohen häufig empfindliche Verluste.

Deshalb ist eine Streuung Ihres Geldes auf verschiedene Anlagemöglichkeiten mit unterschiedlichen Laufzeiten beziehungsweise Verfügungsmöglichkeiten die beste Strategie.

Das Anlageziel

Verbunden mit dem längerfristigen Anlagehorizont ist meist auch das Anlageziel. Aktien sind ideal für die Altersvorsorge, wenn Sie noch mehr als 10 Jahre Zeit haben. Aber auch als Anlage für Kinder und Enkelkinder und deren zukünftige (in 10 oder gar mehr Jahren) Versorgung. Als Beimischung für jedes Depot sind Aktien als längerfristige Renditeträger geeignet. Zum generellen Vermögensaufbau nur dann, wenn der Anlagehorizont länger als 5 Jahre und auf das angelegte Geld nicht für Notsituationen eingesetzt werden muss.

Vorsorge: Wenn Sie langfristig für die Zukunft von Kindern oder Enkeln vorsorgen möchten, sind Aktien erste Wahl.

Die Streuung

Die Anlage in Aktien kann nur so gut sein wie ihre Streuung. Alles auf eine Karte zu setzen, wäre extrem risikoreich und deshalb weniger empfehlenswert. Besser ist die Strategie, das vorhandene, verfügbare Geld auf verschiedene Aktien aus verschiedenen Branchen oder Sektoren und Ländern zu verteilen. Dies mindert das Risiko. Deshalb: Niemals »alle Eier in einen Korb legen«, wie eine Börsenweisheit sagt. Wie viele Aktien Sie in Ihrem Depot haben, hängt natürlich zum einen von Ihrem Anlagebetrag ab und zum anderen von der Zeit, die Sie für die Überwachung investieren können.

Timing und Kaufentscheidung

Der Erfolg einer Aktieninvestition hängt kurzfristig betrachtet natürlich vom richtigen Einstiegskurs ab, langfristig relativiert sich diese Größe. Das heißt, es ist zwar wichtig und erforderlich, sich vor einer Aktieninvestition über die Wirtschafts- und Zinssituation sowie die zu erwartende Entwicklung zu informieren, um zu wissen, ob wir uns gerade in einer Aktienhausse oder -baisse befinden und ob es sinnvoll ist, jetzt einzusteigen oder ob man das vorhandene Geld noch einige Zeit parkt, um dann später, bei günstigeren Kursen, einzusteigen. Hier stellt sich also die Frage nach dem aktuellen Börsentrend und den Wirtschafts- und Unternehmensaussichten. Je besser diese Faktoren sind, umso leichter und schneller kommen Sie mit Ihrer Aktieninvestition zu Gewinnen. Leider gibt es niemanden, der an der Börse läutet, wenn der günstigste Tag da ist, beziehungsweise wenn es Zeit ist, wieder auszusteigen.

Eine alte Börseregel zum richtigen Timing lautet »**Buy on bad news, sell on good**«. Sie können aber auch statt dessen Martin Koch folgen, der regelmäßig von der Wall Street berichtet. Er empfiehlt: »**Glaube Dir selbst und keinem Analysten**«.

Gewinne mitnehmen oder laufen lassen

Haben Sie sich nicht auch schon einmal Frage gestellt, wann es Zeit ist, sich von einer Aktie zu trennen? Die Antwort darauf ist leider nicht einfach. Nur die aktive Beobachtung der Unternehmen kann Ihnen zeigen, ob sich der Kurs einer Aktie etwa zyklisch, also mit ständigem Auf und Ab, bewegt oder ob es sich eher um eine Wachstumsaktie mit leicht seitwärts verlaufenden, aber stetigem Aufwärtstrend handelt.

Je nach Aktienart, zyklisch oder wachstumsorientiert, ist der Handlungsbedarf Ihrerseits dann ein anderer. Gerade bei zyklischen Aktien ist es wichtig, sich deren Verlauf in der Vergangenheit anzusehen, um daraus Rückschlüsse ziehen zu können. Dies könnte beispielsweise ein identisches Verhalten mit dem passenden

»Kaufen Sie Aktien, nehmen Sie Schlaftabletten, und schauen Sie die Papiere nicht mehr an. Nach vielen Jahren werden Sie sehen: Sie sind reich«, ist einer der bekanntesten Ratschläge von **Börsen-Papst André Kostolany** (1906 – 1999), der sich freilich nur auf so genannte Blue Chips bezieht.

Branchentrend sein, so dass dessen Verhalten Signale für einen Verkauf geben kann. Oder Sie sind ganz konsequent und ziehen immer einen Stopp-loss-Kurs hinter dem Aktienverlauf her, so dass es sofort zu einem Verkauf und der Mitnahme von Gewinnen kommt, wenn ein bestimmter Punkt bei einem Kursrückgang unterschritten wird.

Umgekehrt ist es bei den so genannten Wachstumswerten und einem langfristigen Anlagehorizont besser, die Aktie auch dann zu halten, wenn sich bereits gute Gewinne abzeichnen, aber ein weiteres Wachstum, auch bei kleineren Kurskorrekturen, auf längere Sicht zu erwarten ist.

Information ist oberste Pflicht für Anleger

Bevor Sie sich für einen Aktienkauf entscheiden, sollten Sie sich über mögliche und interessante Unternehmen eingehend informieren, sei es bei den Unternehmen selbst, in Presse, Fernsehen oder Internet. Auch die Banken können dabei hilfreich sein, denn bei fast jeder Bank finden Sie Fachabteilungen und Anlageexperten, die Ihnen gerne bei der Auswahl von Aktien behilflich sind. Doch auch hier ist Vorsicht geboten, denn oft richten sich die Empfehlungen von Banken nach den Vorgaben, die bankintern tagtäglich erarbeitet werden und eher den hauseigenen Interessen Rechnung tragen, so dass meist Aktien zum Kauf empfohlen werden, von denen eine Bank gerade am meisten profitiert. Außerdem sind ausländische Aktien in den Empfehlungslisten in der Regel mehr als unterrepräsentiert.

Den goldenen Tipp gibt es leider selten. Und ganz gleich, wo Sie sich informieren: Selbst Experten kochen nur mit Wasser und liegen bisweilen völlig daneben.

Versuchen Sie deshalb, möglichst viele Informationsquellen zu nutzen, um sich einen Überblick zu verschaffen. Vielleicht haben Sie auch Zugang zu Informationen über eine interessante Aktie aus der Branche, in der Sie beruflich tätig sind. Wenn Sie am Ende die Informationen ausgewertet haben und noch immer nicht zu einem Ergebnis gekommen sind, machen Sie es wie Warren Buffett, ein großer Investor aus den USA oder der mit 101 Jahren verstorbene Phil Carey, Gründer der Pioneer Fonds: Beide kauften beziehungsweise kaufen

Warren Buffet, eine Legende unter den professionellen Investoren, steckt sein Geld mit Vorliebe in Firmen, die Dinge des täglichen Lebens wie Erfrischungsgetränke oder Kreditkarten anbieten. Der Erfolg gibt ihm Recht.

noch heute nur Aktien von Unternehmen, deren Geschäftstätigkeit sie verstehen, nachvollziehen können und von denen sie persönlich überzeugt sind beziehungsweise waren. Die Lebensgeschichte dieser beiden Investoren zeigt, dass man auch aus dem Gefühl heraus erfolgreich investieren kann.

Der Traum vom schnellen Geld
Wie wird man schnell Millionär? Natürlich mit Hilfe von Spekulationen und kurzfristigen Trades! Das glaubten jedenfalls 1999 und Anfang 2000 viele Zeitgenossen und begannen an der Börse zu spekulieren. Vor allem der Neue Markt hatte es den Investoren angetan. Hier waren Neuemissionen auf Grund des großen Interesses meist vielfach überzeichnet, so dass die neuen Aktien im Losverfahren verteilt wurden. Wohl dem, der eine ergattern konnte und sie in den ersten Handelstagen an der Börse gleich wieder verkaufte. Hier wurden in kurzer Zeit zum Teil deftige Gewinne realisiert. Nach Anfangserfolgen wurde mancher Anleger sehr mutig, investierte auf Kredit, gab vielleicht sogar seinen Job auf, um sich ganz auf die »Börsenarbeit« konzentrieren zu können. Und dann platzte die »Blase«, in der Börsensprache auch Bubble genannt.
Ausgehend von einer Überbewertung vor allem von Technologie- und Internetwerten, kam es im Frühsommer 2000 zu einer heftigen Kurskorrektur, die scheibchenweise vonstatten ging (= Salami-Crash). Vorbei der Traum vom schnellen Geld! Und Pech für denjenigen, dem von seiner Bank zur Tilgung aufgenommener Kredite die beliehenen Aktiendepots kurzfristig und ohne Vorwarnung konfisziert und aufgelöst wurden. Wer nicht auch noch auf Restschulden sitzen blieb und teuer gekaufte Aktien noch halten konnte, um eine eventuelle Erholung abzuwarten, konnte noch von Glück sagen.

Reich werden mit neuen Aktien

Dazu gehört Mut, das nötige Kleingeld und eine positive Börsenstimmung. Neue Aktien sind aber nur für Anleger geeignet, die auch mal ein Spielchen wagen wollen. Gott sein Dank hat sich das Emissionsfieber wieder gelegt. Im Gegenteil, derzeit ist es sogar äußerst schwierig, Unternehmen zu finden, die Aktien neu an der Börse anbieten, da das Interesse der Investoren noch sehr zurückhaltend, wenn nicht gleich Null ist. Aber mit steigenden Kursen und einer Beruhigung der Börsen kehrt das Interesse sicher bald wieder zurück. Dann können Sie sich wieder für Neuemissionen interessieren. Informieren Sie sich eingehend über die Emissionskandidaten in den einschlägigen Börsenzeitschriften, den Nachrichtensendern oder im Internet. Ob es sich lohnt, eine Neuemission zu zeichnen, kann man sehr gut an den Graumarktpreisen, das heißt im vorbörslichen Handel, erkennen.

Bei Neuemissionen lohnt es sich allemal, kurzfristige Gewinne mitzunehmen oder aber an der Entwicklung interessanter Unternehmen von Anfang an beteiligt zu sein.

Eine der vielversprechendsten Neuemissionen der letzten Jahre hat nach kurzem Höhenflug das Klassenziel nicht erreicht: Die Aktien des **Medienkonzerns EM.TV** sind praktisch wertlos.

Vergessen Sie nicht die Steuer!

Verschenken Sie kein Geld. Die Spekulationsfrist für Kursgewinne beträgt ein Jahr, das heißt, wenn Sie Aktien länger als ein Jahr halten, sind Kursgewinne aus dem Verkauf steuerfrei.

Sollte Ihre Aktie jedoch vor Ablauf des ersten Jahres hohe Gewinne aufweisen und die weiteren Aussichten eher negativ sein, kann es dennoch durchaus sinnvoll sein, die vorhandenen Gewinne durch einen Verkauf zu realisieren. Zum einen haben Sie einen Spekulationsfreibetrag von 512 Euro jährlich, so dass Sie Erträge erst versteuern müssen, wenn diese darüber liegen. Zum anderen wirkt sich das neue Halbeinkünfteverfahren positiv aus, da von den steuerpflichtigen Spekulationsgewinnen nur die Hälfte Ihrem persönlichen Steuersatz unterliegt.

Vielleicht haben Sie innerhalb des betreffenden Jahres Kursverluste hinnehmen müssen. Dann können Sie diese zur Hälfte mit der Hälfte der Spekulationsgewinne verrechnen. Sie sehen, es gibt durchaus Möglichkeiten, kurzfristige Gewinne steuerfrei zu realisieren.

Denken Sie an Kosten und Spesen

Vergleichen Sie die Depot-, An- und Verkaufsgebühren der verschiedenen Anbieter und kalkulieren Sie ein, dass häufiges Handeln auch ein Mehr an Kosten bedeutet. Berücksichtigen Sie, dass Ihre Aktien erst dann einen echten Gewinn abwerfen, wenn die Erträge die Kosten übersteigen.

Überblick und Kontrolle sind das A und O jedes Aktiendepots

Kaufen Sie nicht wahllos irgendwelche Aktien. Kontrollieren Sie, ob eine neue Aktie eine gute Ergänzung bestehender Positionen sein kann und ob Sie damit ein höheres oder niedrigeres Risiko eingehen. Die Größe Ihres Depots sollte nicht unübersichtlich werden.

Kontrollieren Sie regelmäßig, ob Ihre Aktien sich so entwickeln, wie Sie es erwarten. Wenn nicht, denken Sie über eine Veränderung nach.

Drei Strategien mit dem DAX

Das Deutsche Aktieninstitut hat versucht herauszufinden, welche Strategie bei der Anlage in DAX-Werten den größten Erfolg verspricht. Seit Anfang der siebziger Jahre untersuchte man zu diesem Zweck 1800 per Zufallsauswahl zusammengestellte Aktiendepots mit 5 bis 15 verschiedenen DAX-Werten und einer Laufzeit zwischen 5 und 25 Jahren, die nach einer der folgenden Strategien zusammengestellt waren:

- **Buy and Hold**
  (ein Depot wird zusammengestellt und nicht mehr verändert)
- **Relative Stärke**
  (ins Depot kommen jeweils die besten Aktien des Vorjahres)
- **Turn Around**
  (Auswahl der jeweils schlechtesten Aktien des Vorjahres)

Das erstaunliche Ergebnis: unabhängig vom Anlagezeitraum konnte eine jährliche Durchschnittsrendite von mehr als 11 Prozent erzielt werden – und zwar bei jeder der angwandten Strategien. Die Durchschnittsrendite lag bei der Relative-Stärke- und der Turn-Around-Strategie geringfügig höher, was sich allerdings durch den Aufwand für häufigeren Kauf und Verkauf relativiert.

Für den untersuchten Zeitraum lag die Wahrscheinlichkeit, dass ein Buy-and-Hold-Depot eine jährliche Rendite von mehr als 9,5 Prozent einbringt, bei 97,7 Prozent.

Vor allem auch für Privatanleger, die Aktien in erster Linie zur Altersvorsorge kaufen wollen, bietet diese Untersuchung des DAI wichtige Aufschlüsse. So zeigt sie, dass während des untersuchten Zeitraums von fast 30 Jahren ein Aktiendepot mit zufällig ausgewählten DAX-Werten im Hinblick auf Rendite und Risiko kaum von der Entwicklung des Gesamtmarktindizes DAX abweicht.

Hektik und übereilte Entschlüsse sind keine Basis für eine erfolgreiche Aktienanlage

Jede Geldanlage sollte auf einer individuellen Strategie basieren, die sich aus der persönlichen und steuerlichen Situation, den Einkommensverhältnissen, den Anlagezielen und dem daraus resultierenden Zeithorizont, der Risikoneigung sowie nicht zuletzt der Risikoneigung ergibt.

Schnelle Kaufentscheidungen, die beispielsweise einem so genannten heißen Tipp folgen, sind in der Regel weniger empfehlenswert. Eine neue Investition sollte immer zu Ihrer Strategie und Ihren bisherigen Anlagen passen. Vor jeder Kaufentscheidung sollten Sie sich eingehend über das betreffende Angebot informieren.

Bleiben Sie ruhig, auch wenn es an den Börsen rund geht

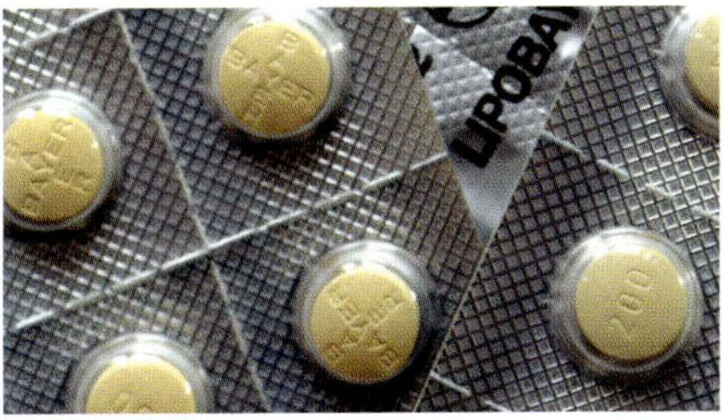

Informationen zu sammeln ist oberste Anlegerpflicht. Das zeigte zuletzt die Bayer-Aktie, die nach Berichten über Todesfälle durch ein vielverkauftes Medikament des Leverkusener Chemie-Riesen kräftig unter Druck kam.

Börsenturbulenzen, sowohl nach oben wie auch nach unten, können Sie dann gelassen betrachten, wenn Sie unsere bisherigen Tipps beherzigt haben, Ihr Depot also eine gute Streuung aufweist, Sie die darin befindlichen Wertpapiere regelmäßig auf ihre weitere Entwicklungschancen kontrolliert haben und Sie auf die investierte Summe gegebenenfalls auch längerfristig verzichten können.

Wenn es an den Börsen rund geht, vermeiden Sie vor allem eines: Verfallen Sie nicht in Hektik, dies tun schon andere für Sie. Hektik ist kein guter Ratgeber, und oftmals macht es mehr Sinn, eine Baisse zunächst einmal auszusitzen, als gute Werte zu einem schlechten Zeitpunkt zu verkaufen – zumal es häufig nicht gelingt, den richtigen Einstiegszeitpunkt wieder zu finden.

Zum Schluss also noch einmal ein ganz wichtiger Hinweis: Niemals hektisch der Börsenentwicklung hinterher laufen, und wenn die Zeiten schlecht sind: durchhalten!

In Deutschland gibt es mehr als 6.500 Vereine, deren Mitglieder ihr Geld gemeinsam anlegen und dabei den Umgang mit Aktien, Optionsscheinen und Fonds lernen.

In einem Investmentclub können Sie spielerisch den Umgang mit der Börse lernen. Das Erfolgsrezept solcher privater Zusammenschlüsse lautet: Mit kleinen Einsätzen die Welt der Geldanlage erkunden, spekulieren lernen und mit geringem Risiko trotzdem eine höhere Rendite als bei Sparbuch, Festgeld oder Rentenpapieren erzielen.

Spielend reich werden wie Dagobert Duck: im Aktienclub reichen kleine Beiträge aus.

Ein Club bietet Ihnen die Möglichkeit, die Marktgewohnheiten der Börse zu erkunden, sich mit Anlagestrategien zu befassen, durch Vorträge und Veranstaltungen einen Einblick in wirtschaftliche Zusammenhänge zu erhalten, um dann die eigene Kapitalanlage gewinnbringend zu managen.

Und dies auf spielerische Weise, die auch deshalb viel Spaß macht, weil alle Beteiligten die selbe Sprache sprechen. In einem Club sollte es keine Verständnisschwierigkeiten geben. Das erworbene Wissen wird im kleinen Rahmen bei der Investition der Clubgelder umgesetzt. Es wird ausprobiert, man erleidet auch Rückschläge, macht wichtige Erfahrungen im Umgang mit Banken, lernt Strategien den Marktgegebenheiten anzupassen und den Einsatz von Formen der Geldanlage, an die Sie sich bisher noch nicht herangetraut haben.

Ganz wichtig ist vor allem der regelmäßige Gedankenaustausch mit Gleichgesinnten und zwar ganz besonders nach den beiden letzten katastrophalen Börsenjahren.

Private Börsenclubs sind nicht zu verwechseln mit professionellen Aktienclubs, die zwar auch das Wort Club im Titel führen, tatsächlich aber kommerzielle Vermögensverwalter sind, bei denen Anleger nicht mit kleinen Summen das Börsengeschehen lernen, sondern vor allem größere Beträge von einigen »Anlageberatern« anlegen und verwalten lassen, die dafür viel Geld kassieren, auch wenn das den wenigsten »Clubmitgliedern« richtig bewusst ist!

Wenn Sie an einer privaten Organisation interessiert sind, gibt es mehrere Möglichkeiten, sich darüber zu informieren, ob es in der Nähe Ihres Wohnortes bereits einen Club gibt: die Schutzgemeinschaft der Kleinarktionäre in Esslingen, Zeitschriften wie *Börse Online* oder *Focus Money Online*, oder im Internet (siehe Adressenverzeichnis, S. 172ff).

Da viele Clubs jedoch geschlossene Gruppen sind und selten neue Mitglieder aufnehmen, bleibt oft nur die Möglichkeit, selbst einen Börsenstammtisch oder Börsenclub zu gründen.

Wenn Sie sich für eine Clubmitgliedschaft oder eine Gründung interessieren, finden sie nachstehend praktische Tipps:

Einen Club finden oder gründen?

Suchen Sie in Ihrem Bekannten- oder Kollegenkreis nach Interessenten oder inserieren Sie einmal in der Tageszeitung Ihres Wohnortes. Sie werden schnell feststellen, wie groß das Interesse an einem Investmentclubs ist. Sobald sich mindestens 10 bis maximal 30 Interessenten gefunden haben, gründen Sie einen Club in Form einer Gesellschaft des bürgerlichen Rechts (GdbR) mit einem Clubvertrag. Einen Leitfaden zur Gründung eines Clubs können Sie kostenlos bei der Schutzgemeinschaft der Kleinaktionäre, Jakobsstraße 73, 73734 Esslingen, Telefon: 0711 / 3452091 anfordern.

Darin finden Sie u. a. Muster von Clubverträgen. Im Vertrag sollten dann folgende Punkte schriftlich geregelt und sein:

Gemeinsam beschließen alle Beteiligten, wie viel jedes Clubmitlgied einmalig und/oder regelmäßig, etwa monatlich, auf das Clubkonto einzahlt. Unser Aktienclub in Nürnberg startete mit 2.000 Mark einmalig und einem monatlichen Betrag von 150 Mark. Beim Fondsclub, der nur aus Frauen besteht, investierten die Clubfrauen einmalig 2.000 Mark oder ein Vielfaches davon.

Es wird eine Geschäftsführung gewählt, die verantwortlich für die Organisation der Clubtreffen sowie die Einladung von Referenten, die Buchführung und die Vertretung des Clubs nach außen ist. Erkundigen Sie sich, welche Bank Ihnen die besten Konditionen für ein Clubkonto gewährt und ob Ihnen diese auch be-

Regelmäßige Treffen und Informationsveranstaltungen tragen zum Erfolg der **Clubaktivitäten** bei.

gleitend mit Informationen und Fachvorträgen zur Seite steht. Die Entscheidung, was ge- und verkauft wird, sollte möglichst gemeinsam vorbereitet und beschlossen werden, damit alle Clubmitglieder den Prozess der Entscheidungsfindung verstehen lernen. Ein Anlageausschuss, der mindestens aus 3 Personen besteht, betreut und überwacht aktiv die getätigten Anlagen und ist für die Ordervergabe der Käufe und Verkäufe verantwortlich.

Unser Extratipp: Wir empfehlen aus Sicherheitsgründen, dass der Anlageausschuss lediglich die Order innerhalb des Clubs gegenüber der Geschäftsführung erteilen darf. Diese leitet ihn dann mit der Unterschrift der Clubführung zur Bank weiter. Im Gegensatz dazu sollte die Clubführung zur Abgabe einer Order an die Bank nur nach Vorlage eines Auftrages durch den Anlageausschuss berechtigt sein.

Tipps für alle Clubneulinge

Egal ob Sie einem bestehenden Club beitreten oder einen neuen gründen wollen – es gibt einige grundsätzliche Fragen, über die von vornherein Einigkeit herrschen muss, sonst ist später der Ärger vorprogrammiert:

- Was sind die Ziele des Clubs?
- Nach welchen Grundsätzen investiert er?
- Wer entscheidet über die Aktienauswahl?

Von fundamentaler Bedeutung ist dabei vor allem die Frage nach der Risikobereitschaft der Teilnehmer. Einerseits gilt natürlich auch hier der Grundsatz, dass ein geringeres Anlagerisiko immer auch die Gewinnchancen begrenzt, andererseits sollten gerade in einem Club besonders risikoreiche Anlageformen, wie etwa hochspektulative Termingeschäfte, nur in Betracht gezogen werden, wenn darüber Einstimmigkeit erzielt werden kann.
Die meisten Aktienclubs investieren im Hinblick auf eine längerfristige Geldanlage, und die Anlage in aktienorientierten Portfolios setzt mittlere bis hohe Risikobereitschaft voraus. Daneben gibt es aber auch Clubs, die sich gerade den spektulativen Geschäften verschrieben haben oder solche, die stärker sicherheitsorientiert arbeiten.
Deshalb unser Rat: Finden Sie zunächst heraus, was Ihre eigenen Ziele sind und welches Risiko sie bereit sind einzugehen, dann dürfte es nicht allzu schwierig sein, den passenden Club zu finden.

Legen Sie detailliert fest, in welche Art von Wertpapieren der Club investieren will und darf. Beispiels weise nur in Aktien, die in Deutschland im Amtlichen Handel und am Neuen Markt geführt werden, oder bei Fonds alle in Deutschland zum Vertrieb zugelassenen. Legen Sie auch fest, ob und inwieweit der Club spekulieren möchte, beispielsweise mit Optionsscheinen und wie hoch der Investitionsbetrag in diesem Fall bezogen auf das Clubdepot sein darf.

Treffen Sie sich in regelmäßigen Abständen, z. B. alle sechs Wochen, und beschließen Sie für jedes Treffen einen geregelten Ablauf, das erleichtert die Arbeit und macht die Veranstaltungen effizienter. Achten Sie darauf, dass sich im Club möglichst alle Mitglieder aktiv beteiligen, damit Sie nicht nach einiger Zeit entsetzt feststellen, dass einige lediglich »konsumieren« und nur einige wenige sich aktiv um die Anlagen kümmern. Dies können Sie dadurch vermeiden, dass im Anlageausschuss in bestimmten Abständen (beispielsweise jedes halbe Jahr) eine Veränderung vorgenommen wird. Ein Mitglied scheidet aus und wird durch ein neues ersetzt.

Organisieren Sie regelmäßige Informationsveranstaltungen, zu denen Sie Referenten von Banken, Fondsgesellschaften oder auch unabhängige Anlageberater einladen, die Ihnen zu den von Ihnen gewünschten Themen Rede und Antwort stehen. Fragen Sie bei örtlichen Banken nach, ob dort Vorträge angeboten werden.

Viel Spaß und einen enormen Informationsgewinn bringen gemeinsame Fahrten zu interessanten Börsenplätzen. So ist etwa in New York neben dem Besuch von informativen Workshops der Besuch der Wall Street ein absolutes Highlight. Ganz besonders, wenn man dort die Gelegenheit hat, mit Korrespondenten amerikanischer oder deutscher Nachrichtensender zu sprechen.

Bei der Zusammensetzung des Clubs sollten Sie auf Harmonie achten. Die Unterschiede beim Alter und den Berufen sind vorteilhaft und fördern den regen Informationsaustausch. Oft entstehen durch einen Club auch neue Freundschaften oder sogar berufliche Beziehungen.

Ganz wichtig: Die gesamte Organisation und Abwicklung des Clubs erfolgt ehrenamtlich. Lediglich für Porto zum Versand von Protokollen und Einladungen richten Sie eine Kasse ein, in die je nach Größe des Clubs jedes Mitglied am Jahresanfang einmalig eine gewisse Summe einzahlt. Damit die Ehrenamtlichkeit realisierbar ist, verteilen Sie die Aufgaben auf verschiedene Clubmitglieder und wechseln Sie immer wieder einmal untereinander die Verantwortlichkeit, so dass kein Clubmitglied übermäßig belastet ist. Zu diesen Aufgaben gehört auch eine einfache Buchführung. Die ist jedoch nur möglich, wenn Sie beschließen, dass alle Mitglieder nur den gleichen Betrag einzahlen und neue Mitglieder nur an einem Stichtag aufgenommen werden, beispielsweise zum Jahresanfang, da zum 31. Dezember sowieso eine Depotbewertung erforderlich ist. Die neuen Mitglieder sollten dann auch nur genau zu der Höhe des jeweiligen Anteilswertes aufgenommen werden.

Um Probleme zu vermeiden, vereinbaren Sie in Ihren Clubstatuten detailliert, wann und wie eine Kündigung der Mitgliedschaft möglich ist. Legen Sie darüber hinaus fest, dass die Auszahlung des Clubanteiles innerhalb einer Frist von 4 bis 8 Wochen erfolgen kann. Wichtig ist ebenfalls die Festlegung der Gewinnverwendung, damit es darüber später keine unerfreuliche Diskussionen gibt.

Gemeinsame Reisen zu wichtigen Börsenplätzen, hier der Bulle in der New Yorker Wallstreet, können wichtige neue Eindrücke vermitteln.

Ganz ausgeschlossen sollte die Aufnahme von Krediten sein! Sinn und Zweck eines Clubs ist es lediglich, zu lernen, die vorhandenen Gelder ertragreich anzulegen und mit den einzelnen Anlageformen umgehen zu können.

Wenn Sie sich einem bestehenden Club anschließen möchten, informieren Sie sich umfassend darüber, wie dieser die zuvor angesprochenen Punkte geregelt hat. Besuchen Sie einige Male die Treffen, um festzustellen, ob Sie mit der Clubführung und den anderen Clubmitgliedern klar kommen, das heißt, ob die »Chemie stimmt«.

Die Mitgliedschaft in einem Investmentclub, egal ob sich dieser mit Aktien und/oder Fonds beschäftigt, kann Ihnen viel Wissen, Erfahrung und auch Spaß beim Geldanlegen vermitteln. Sie lernen im Kreis mit anderen mit schwierigen Börsenzeiten, dem Auf und Ab der Börse und auch überraschenden Crashs umzugehen.

Vorsicht ist indessen bei professionell betriebenen »Börsenclubs« geboten. Hier stellt sich die Frage, ob diese wirklich stets die Interessen der Beteiligten verfolgen. Was einmal als Stammtischrunde begonnen hat, mutierte bisweilen zu großen Vermögensverwaltungen. Hier steht nicht mehr gemeinsames Lernen und Auswahl von Aktien im Vordergrund. Es geht viel mehr darum, dass möglichst viele Anleger einzahlen und zwar nicht nur kleinere Beträge, sondern auch sehr große Summen. Die Anlageentscheidungen trifft dann die Clubleitung, die Anleger haben keine Einflussmöglichkeiten. Und für diesen Service kassieren die Clubmacher dann kräftig ab. Ob in Form eines einmaligen Ausgabeaufschlags zwischen drei und fünf Prozent bei der Einzahlung und/oder einer regelmäßi-

Die **Beardstown Ladies** – bekanntester Investmentclub überhaupt.

gen jährlichen Verwaltungsgebühr von mehr als drei Prozent hängt von den jeweiligen Geschäftsbedingungen ab.

Dass solche professionellen »Börsenclubs« nicht als Stammtisch gelten können, sondern knallhart Vermögensverwaltung betreiben, ist zwischenzeitlich auch bis zu unserer deutschen Aufsichtsbehörde, dem Bundesaufsichtsamt für das Finanzwesen, durchgedrungen. Und so musste der Stuttgarter Aktienclub seinen Namen ändern und die Clubleitung die Zulassung als Finanzdienstleistungsinstitut beantragen.

Der bekannteste Investmentclub überhaupt sind die **Beardstown Ladies**. 16 Seniorinnen, Durchschnittsalter 70, setzten vor Jahren die Fachpresse mit einer durchschnittlichen jährlichen Rendite von 23,4 Prozent in Erstaunen. Es stellte sich dann heraus, dass sie auf einem Rechenfehler beruhte. Mit tatsächlich etwas über 9 Prozent liegen die Damen aus Beardstown aber immer noch gut im Durchschnitt. Ihre erfolgreiche Strategie wird in dem Bestseller »The Beardstown Ladies' common sense investment guide« beschrieben.

Ein wunder Punkt bei solchen Clubs ist die Sicherheit der Anlegergelder. Meist hat die Clubleitung uneingeschränkten Zugriff. Im Gegensatz zu Banken ist nicht jeder professionelle Aktienclub einem Entschädigungsfonds angeschlossen, der bei Veruntreuung der Gelder einspringt. Wenn auch die Geschäftsführer der Clubs in ihrer Funktion als Vermögensverwalter (= Finanzdienstleister) per Gesetz der Mitgliedschaft bei der Entschädigungseinrichtung der Wertpapierhandelsunternehmen verpflichtet sind, ist bei einem Ausfall der Verlust nicht voll abgedeckt, da diese maximal 90 Prozent des Verlustes der einzelnen Anleger, aber nur bis zu einer Obergrenze von 20.000 Euro erstattet. Für alle, die mehr investiert haben, ein großes Risiko.

Börsenspiele

Wenn Ihnen für regelmäßige Clubtreffen und den Austausch mit Gleichgesinnten die Zeit fehlt, können Sie Ihr Wissen und Ihr Gefühl für die Welt des Aktien-

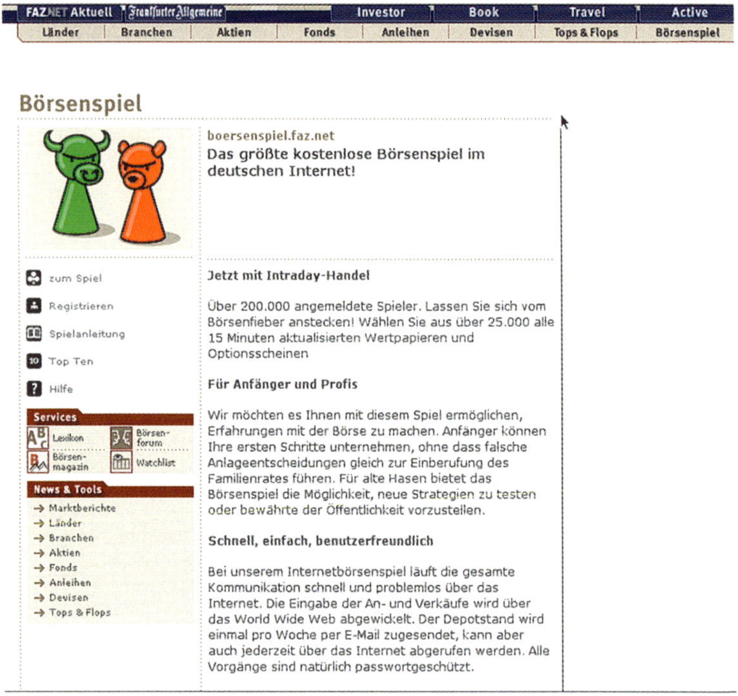

Mit Hilfe von **Börsenspielen** kann man ohne Risiko seine Fähigkeiten trainieren. Wer sein virtuelles Depot am besten verwaltet hat, kann Preise gewinnen. Weitere Spiele im Internet zum Beispiel unter www.boersenspiel.com und www.brokerpoker.de.

handels auch spielerisch testen. In den letzten Jahren überschlugen sich Banken, Nachrichtensender und Börsenzeitungen mit dem Angebot an so genannten »Börsenspielen«. Mit der schlechten Börsenentwicklung ging das Angebot zurück. Doch sobald eine nachhaltige Börsenerholung da ist, werden auch die Börsenspiele wieder kommen.

Bei Börsenspielen haben Sie die Möglichkeit, mit einer kleinen Teilnahmegebühr, in das Wettrennen mit anderen Anlegern zu gehen, um mit einem fiktiven Kapital und einer vorgegebenen Aktienauswahl zu zeigen, ob Sie der geborene Börsianer sind und wie schnell Sie durch bessere Aktienauswahl das fiktive Kapital mehren.

Durch Börsenspiele können Sie mit geringem Zeitaufwand und bezogen auf einen festen Zeitraum einen Einblick in das System des Aktienhandels bekommen, da sowohl die Kauf- und Verkaufsorder mit und ohne Limits realistisch nachgestellt und mit dem aktuellen Börsenverlauf verglichen werden. In regelmäßigen Abständen werden dann die besten »Aktionäre« und deren »Depotauswahl« vorgestellt. Als Belohnung für die besten winken meist Geldpreise oder kleinere Aktienpakete der Sponsoren des jeweiligen Spiels.

So ermutigt, können Sie dann den Schritt an die echte Börse wagen. Doch Achtung: Bei einem Börsenspiel gehen die meisten Mitspieler gerne mal ein Risiko ein, um zu den Gewinnern zu gehören. Spekulationen sind hierbei die Grundlage, um in kurzer Zeit ein gutes Ergebnis erzielen zu können. Dies hat jedoch nichts mit einer Anlagestrategie und der langfristigen Investition an der Börse zu tun.

Börsenspiele sind eine gute Grundlage, um ein Gefühl für den Umgang mit Aktien zu bekommen. Sie verleiten jedoch auch zu einem spekulativen Verhalten, was an der Börse in der Realität meist nicht von langfristigem Erfolg gekrönt ist.

Sparschwein oder Aktienanlage – das dürfte nach der Lektüre dieses Bandes keine Frage mehr sein.

Ad-hoc-Publizität Aktiengesellschaften sind gesetzlich verpflichtet, kursbeeinflussende Tatsachen unverzüglich mitzuteilen und zu veröffentlichen. Die Information geht an das Bundesaufsichtsamt für den Wertpapierhandel sowie an die Börsen, an denen das Papier gehandelt wird, an überregionale Börsenblätter oder wird über elektronische Informationssysteme verbreitet. Faktoren, die den Kurs beeinflussen, sind etwa Gewinneinbrüche, Fusionen oder geplante Übernahmen.

ADR American Depository Receipts. Hinterlegungsscheine für Aktien, die an Stelle des betreffenden Wertpapiers an der Börse gehandelt werden. Die Scheine oder Zertifikate werden von US-Kreditinstituten für dort hinterlegte nichtamerikanische Aktien ausgestellt. Ausländische Aktien sind auf Grund bestimmter wertpapierrechtlicher Bestimmungen teilweise nur in Form von ADR handelbar.

AG Abkürzung für → Aktiengesellschaft.

Agio Auch Aufgeld genannt, bezeichnet bei der Neuausgabe von → Aktien den Betrag, zu dem eine Aktie über ihren → Nennwert ausgegeben wird. Liegt der Nennwert der Aktie bei 5 € und wird zu 7 € emittiert, ergibt sich ein Agio von 2 €.

Aktie Urkunde, das ein Anteilsrecht an einer Aktiengesellschaft verbrieft. Mit der Urkunde oder dem Wertpapier hat der Inhaber verschiedene Rechte, wie das Stimmrecht in der → Hauptversammlung, den Bezug junger Aktien bei einer → Kapitalerhöhung oder das Recht auf → Dividendenzahlung usw.

Aktienbuch Nach dem Aktiengesetz notwendige Einrichtung bei → Namensaktien. In diesem Register wird der Aktionär namentlich verzeichnet. Aktienbücher werden nur noch in elektronischer Form geführt.

Aktienfonds Von einer Investmentgesellschaft (Kapitalanlagegesellschaft) aufgelegter Fonds, der ausschließlich in Aktien investiert.

Aktiengesellschaft (AG) Eine juristische Person privaten Rechts. Gesellschaftsform, bei der die → Aktionäre am Grundkapital beteiligt sind. Für Verbindlichkeiten des Unternehmens haftet der Aktionär bis zur Höhe seiner Beteiligung, nicht aber darüber hinaus. Sinn und Zweck einer AG ist es, durch die Ausgabe von Aktien frisches Kapital für das Unternehmen für weitere Investitionen oder ähnliches zu besorgen und so das wirtschaftliche Risiko auf mehrere Schultern zu verteilen. Das Mitwirkungsrecht des Aktionärs an wesentlichen Entscheidungen für das Unternehmen ist abhängig von der Höhe der Beteiligung, beschränkt sich aber hauptsächlich auf die Stimmabgabe in der → Hauptversammlung. Die AG besteht aus drei Organen: 1. Der Vorstand, der die Leitung der Gesellschaft übernimmt, er wird vom Aufsichtsrat bestimmt. 2. Dem Aufsichtsrat, der die Kontrolle des Vorstands übernimmt, er wird von den Aktionären gewählt. 3. Der Hauptversammlung, die das beschließende Organ ist; sie wird gebildet durch die Aktionäre. Beschlüsse, wie z. B. die Gewinnverwendung, werden mit einfacher Mehrheit, gefasst. Beschlüsse wie die Änderung des Gesellschaftervertrages benötigen eine qualifizierte Dreiviertel-Mehrheit.

Aktienindex → Index

Aktienkapital Unter dem Aktienkapital versteht man das → Grundkapital einer → AG, an der der Aktionär im Verhältnis des → Nennbetrages seiner → Aktie beteiligt ist. Beispiel: Sie besitzen 200 Aktien im Nennwert zu 50 € von einer AG mit einem Grundkapital von 20 Millionen €. In diesem Fall nennen Sie einen 2.000stel Anteil an der AG ihr Eigen.

Aktiensplit Die Teilung (Splitting) einer → Aktie in zwei oder mehrere Aktien bzw. Anteile. Da sich bei einem Split lediglich die Anzahl der Papiere verändert und nicht der eigentliche Wert, den diese Papiere insgesamt darstellen, bleibt auch der individuelle Depotwert nach einem Aktiensplit der gleiche. Hintergrund für den Split ist die optische Attraktivität einer Aktie. Aktien, die optisch preiswerter sind, werden von den Anlegern bevorzugt.

Aktionär Inhaber von Anteilsscheinen (Aktien) einer → AG. Der Aktionär ist somit Miteigentümer des Unternehmens. Das Aktiengesetz regelt die Rechten und Pflichten des Aktionärs.

Alte Aktien Aktien, die bereits vor einer →Kapitalerhöhung vorhanden waren, nennt man alte Aktien. Im Gegensatz zu den bei einer Kapitalerhöhung ausgegebenen → jungen Aktien sind diese voll dividendenberechtigt und notieren in der Übergangszeit (laufendes Dividendenjahr) über dem Kurs der jungen Aktien.

American Stock Exchange Auch AMEX genannt, ist die weltweit größte Börse in den USA.

Amtlicher Devisenkurs Wird an der Frankfurter Devisenbörse täglich im so genannten Fixing für die amtlich notierten → Währungen festgestellt. Er wird von den Banken für die Abrechnung von ausländischen Wertpapieren zu Grunde gelegt und richtet sich nach Angebot und Nachfrage.

Amtlicher Handel Ein Marktsegmet im Börsenhandel, für das strenge Zulassungskriterien gelten; nur → Aktiengesellschaften mit einem Mindestkapital von mehr als 1,2 Mio € werden zugelassen. Die Unternehmen unterliegen hier einer strengen Publikationspflicht. Im Amtlichen Handel findet man vorwiegend umsatzstarke Standardwerte.

Amtlicher Makler Von der Börsenaufsicht bestellte und vereidigte Person, die im → Amtlichen Handel Geschäfte vermittelt und für die jeweiligen Papiere den Kurs feststellt. Der amtliche Makler unterliegt einer besonders strengen Aufsicht und darf Eigengeschäfte nur in begrenztem Umfang tätigen.

Analysten Wirtschaftsexperten, die nach bestimmten Kriterien Unternehmen prüfen und bewerten und Empfehlungen abgeben (→ Rating).

Anleihen Auch Schuldverschreibungen, Obligationen oder Rentenpapiere genannt. Anleihe ist der Sammelbegriff für → festverzinsliche Wertpapiere mit vereinbarter Laufzeit. Sie stellen für den Schuldner langfristige Finanzierungsmittel dar. Zinszahlungen und Rückzahlungen erfolgen zu festgelegten Terminen. Unterschieden werden öffentliche Anleihen (z. B. von Bund, Ländern), Industrieanleihen und Pfandbriefe (Anleihen von Hypothekenbanken).

Antizyklisch Ein antizyklischer Anleger verhält sich gegensätzlich zum allgemeinen Trend, in der Hoffnung, dass sich dieser bald umkehrt: Er kauft eher bei fallenden Kursen und verkauft in Phasen von steigenden Kursen.

Aufsichtsrat Überwacht die Geschäftsführung einer → Kapitalgegesellschaft und wird bei → Aktiengesellschaften in der → Hauptversammlung gewählt. Er besteht bei Aktiengesellschaften aus mindestens drei Personen, die nicht gleichzeitig dem → Vorstand angehören dürfen.

Ausgabepreis Verkaufspreis eines Fondsanteils. Er setzt sich aus dem Rücknahmepreis und dem Ausgabeaufschlag zusammen und wird täglich ermittelt.

Ausschüttungen Alle Gutschriften, die an Teilhaber einer Gesellschaft vorgenommen werden, wie Dividenden, Gratisaktien oder sonstige Bonifikationen. Ausschüttungen werden entweder in bar geleistet oder, meist kostenfrei, wiederangelegt bzw. dem → Depot gutgeschrieben.

Auslandsanleihen Es gibt zwei Arten von Auslandsanleihen (→ festverzinsliche Wertpapiere): Zum einen sind es → Anleihen, die im Ausland emittiert werden und auch auf die jeweilige Währung lauten, oder es sind Anleihen, die von ausländischen Schuldnern in Deutschland auf Euro lautend emittiert werden.

Außerbörslicher Handel Handel mit → Wertpapieren außerhalb der regulären Börsensitzung (Vor und Nachbörse) und unterliegt nicht der Verantwortung der Börsenvorstände. Im außerbörslichen Telefonverkehr werden börsennotierte und nicht börsennotierte Titel zwischen den Kreditinstituten direkt gehandelt, wobei hier der Kurs zwischen den Parteien frei vereinbart wird.

Aussetzung der Kursnotierung In besonderen Fällen, etwa bei Bekantgabe von kritischen Unternehmenszahlen, kann der Börsenvorstand beschließen, den Handel mit einem Wertpapier für eine gewisse Zeit auszusetzen. So soll sichergestellt werden, dass alle Inhaber dieses Wertes die gleiche Chance haben, zu reagieren.

Baisse Bezeichnet das Sinken der Aktienkurse eines einzelnen Marktes, Segments oder über den gesamten Markt hinweg über einen längeren Zeitraum. Eine Baisse dauerte in der Vergangenheit im allgemeinen zwischen 2 und 19 Monate. Das Gegenteil ist die → Hausse.

Bankenkonsortium Zusammenschluss mehrerer Banken in der Rechtsform einer BGB-Gesellschaft zum Zweck der Herausgabe von → Wertpapieren oder aber auch der Vergabe größerer Kredite, um das Risiko zu streuen. Eines der beteiligten Institute tritt nach außen hin als Konsortialführer auf und vertritt so das Konsortium gegenüber dem Emittenten/Kreditnehmer.

Bear Market, bearish Spiegelt die Stimmung an der Börse wider. Der Bear Market zeichnet sich durch fallende Kurse aus, und so hat der bearish gestimmte Anleger eine negative Erwartungshaltung hinsichtlich der weiteren Börsenentwicklung: Er rechnet mit weiter fallenden Kursen. Gegensatz: → Bull Market oder bullish.

Belegschaftsaktie Aktien, die Betriebsangehörigen vom Arbeitgeber zu einem Vorzugspreis angeboten werden. Meist ist die Veräußerung solcher Papiere erst nach Ablauf einer Sperrfrist möglich.

Benchmark Vergleichsmaßstab zur Messung des Anlageerfolges eines → Wertpapiers. Als Benchmark oder Referenzindex für Aktien und Fonds werden DAX, MSCI oder andere → Indizes herangezogen.

Berechtigungsschein Urkunde, die den Bezug von neuen Aktien garantiert.

Bestens Zusatz zu einem unlimitierten Verkaufsauftrag. Das Kreditinstitut wird angewiesen, zum nächstmöglichen (bestmöglichen) Kurs, der sich zum gegebenen Zeitpunkt herausbildet, zu verkaufen, um so auf jeden Fall den Auftrag auszuführen.

Beta Faktor Der Beta Faktor spiegelt die Beziehung der Kursentwicklung zwischen einer → Aktie und einem → Index ab. Er zeigt somit die Sensibilität des Aktienkurses auf Veränderungen des Indexes auf.

Bezahlt Kurszusatz (b, bz oder bez), der besagt, dass zum festgestellten Kurs alle vorliegenden Aufträge abgewickelt werden konnten.

Bezahlt Brief Kurszusatz (bB, bzB oder bezB), der besagt, dass zum festgestellten Kurs alle unlimitierten und alle Verkaufsaufträge, deren Limit darunter lag, vollständig abgerechnet und die zum festgestellten Kurs limitierten Verkaufsaufträge nur teilweise ausgeführt werden konnte, da weitere Angebote vorlagen.

Bezahlt Geld Kurszusatz (bG, bzG oder bezG), der besagt, dass zum festgestellten Kurs alle unlimitierten und alle Kaufaufträge, deren Limit darunter lag, vollständig abgerechnet und die zum festgestellten Kurs limitierten Kaufaufträge nur teilweise ausgeführt werden konnten, da weitere Nachfrage bestand.

Bezugsrechte Jeder Aktionär hat das Recht auf den Bezug von neuen (jungen) Aktien bei einer → Kapitalerhöhung. Das Recht ist gesetzlich geregelt und gewährt jedem Aktionär gegen Einlage – Kapital – einen seinem Anteil am bisherigen → Grundkapital entsprechenden Teil der → jungen Aktien zu beziehen

Bezugsverhältnis Bezeichnet beim Bezug → junger Aktien das Verhältnis zwischen dem bisherigem → Grundkapital und der → Kapitalerhöhung.

Bilanz Bestandteil des Jahresabschlusses einer → AG. In der Bilanz werden Aktiva und Passiva, also Soll und Haben einander gegenüber gestellt und so der Vermögensstand des Unternehmens ermittelt.

Billigst Zusatz zu einem unlimitierten Kaufauftrag. Das Kreditinstitut wird angewiesen, zum nächstmöglichen (billigsten) Kurs, der sich zum gegebenen Zeitpunkt herausbildet, zu kaufen, um so auf jeden Fall den Auftrag auszuführen.

Blue Chips Aktien von großen Unternehmen mit bester → Bonität, von denen eine stabile wirtschaftliche Entwicklung erwartet wird. Daher werden sie auch als »Aktien mit begrenztem Risiko« bezeichnet.

Bonität Die Kreditwürdigkeit eines Schuldners und davon abhängig die Wahrscheinlichkeit, gegebene Kredite ordnungsgemäß zurückzuführen.

Bonitätsrisiko Das Risiko des Gläubigers, dass der Schuldner vorrübergehend oder dauerhaft seiner Verpflichtung auf die vereinbarten Zins- und Tilgungsleistungen nicht nachkommt.

Bookbuilding-Verfahren Verfahren zur Festlegung eines marktgerechten Emissionspreises im Zusammenhang mit der Börseneinführung einer → AG.

Börse Handelsplatz an dem austauschbare Güter wie → Aktien, → Wertpapiere, Devisen, → Optionen usw. gehandelt werden.

Börsenbericht Information über die Tagesereignisse sowie die sich abzeichnenden Tendenzen. Der Börsenbericht wird laufend und am Ende einer Sitzung verbreitet.

Börsengesetz Die gesetzliche Grundlage zur Regelung und Organisation an Deutschen Börsen. Es regelt den Tätigkeitsbereich der deutschen Börse und enthält allgemeine Bestimmungen über die Börse und deren Organe, des Maklerwesens, der Feststellung des Börsenkurses, der Zulassung von Wertpapieren usw.

Börsenhändler Als Vertreter der Kreditinstitute, im Namen von Mandanten oder für Eigengeschäfte an der Börse tätig.

Börsenkrach Bezeichnet den starken Rückgang der Börsenkurse innerhalb eines Tages oder eines relativ kurzen Zeitraums.

Börsenmakler Personen, die gewerbsmäßig Börsengeschäfte zwischen den Händlern vermitteln. Man unterscheidet zwischen dem amtlich bestellten und vereidigten Kursmakler, der für den → Amtlichen Handel und die Preisfeststellung der am Amtlichen Handel notierten Werte zuständig ist, und dem freien, nicht vereidigten Makler, der für den → geregelten Freiverkehr zuständig ist und gegebenenfalls auch an mehreren Börsen gleichzeitig vermitteln kann.

Börsentendenz/-trend Die allgemeine Richtung, die ein Wertpapiermarkt zu einem bestimmten Zeitpunkt aufweist. Begriffe wie freundlich, fester, behauptet, schwächer etc. charakterisieren zunächst eine Tendenz; hält eine solche Tendenz über einen längeren Zeitraum an, spricht man von einem Börsentrend.

Broker In den USA allgemein die Bezeichnung für → Börsenmakler, die auch für Privatkunden tätig werden können. Er vermittelt nur und wickelt keine Geschäfte auf eigene Rechnung ab.

Bull Market, bullish Charakterisiert eine Stimmung an der Börse: Der Bull Market zeichnet sich durch steigende Kurse aus und so hat der bullish gestimmte Anleger eine positive Erwartungshaltung hinsichtlich der weiteren Börsenentwicklung, er rechnet also mit weiter steigenden Kursen. Gegensatz: → Bear Market oder bearish.

Bundesaufsichtsamt für das Finanzwesen (BaFin) Überwacht die Sicherheit der den Kreditinstituten anvertrauten Vermögenswerte, um bei Missständen rechtzeitig einzugreifen und so den Anlegern ein hohes Maß an Sicherheit zu gewährleisten.

Bundesobligationen Schuldverschreibungen des Bundes mit festem Nominalzins und variablen Ausgabekursen, die an der Börse gehandelt werden. Ihre Laufzeit beträgt fünf Jahre.

Bundesschatzbriefe Mittelfristige Anleihen mit jährlich steigenden Zinssätzen, die nicht an der Börse gehandelt werden.

Call Engl. für Kaufoption. Der Käufer geht hier von einem steigenden Kurs des zu Grunde liegenden Wertes aus. Der Käufer einer Call Option erwirbt das Recht, einen bestimmten Bezugswert innerhalb eines festgelegten Zeitraums zu einem vereinbarten Preis zu kaufen. Wenn er die erworbene → Option nicht ausübt, verfällt sie. Gegenteil → Put.

Cash flow Engl. für Liquiditätszufluss; bezeichnet den Nettozugang an flüssigen Mitteln aus dem Umsatz des Unternehmens. Aus der Höhe des Cash flow und vor allem der im Laufe der Jahre erkennbaren Entwicklung lassen sich Rückschlüsse auf die Eigenfinanzierungskraft des Unternehmens ziehen.

Chart Grafische Darstellung der Kursentwicklung eines Wertpapiers, eines Fonds oder eines Indizes.

Chartanalyse Auswertung grafischer Kursverläufe (Chart) ohne Berücksichtigung fundamentaler Daten (→ Fundamentalanalyse). Der Chartanalytiker versucht frühzeitig Trends auszumachen, um so eine Optimierung seiner Strategie zu erreichen.

Computerbörse Elektronische Börsen, über die alle Geschäfte ohne die Unterstützung von Maklern abgeschlossen werden (→ XETRA, → EUREX u. a.).

Courtage Gebühr, die der → Börsenmakler für die Vermittlung von Wertpapiergeschäften erhält.

Covered warrants Engl. für gedeckte → Optionsscheine. Der Emittent solcher Scheine ist nicht das Unternehmen selbst, sondern in der Regel eine Bank, die die entsprechenden Stücke im eigenen → Depot hält. Die Optionsscheine sind also durch den Bestand der Bank gedeckt.

Cost-Average-Effekt Bei der regelmäßigen Einzahlung gleichbleibender Beträge in einen Fondssparplan erwirbt der Anleger bei hohen Kursen relativ weniger, bei niedrigen Preisen relativ mehr Fondsanteile. So kann er einen günstigeren Durchschnittspreis erzielen und profitiert von der langfristig positiven Wertentwicklung.

Crash Massiver Kurseinbruch über einen kürzen oder auch längeren Zeitraum von Wertpapieren an den nationalen oder internationalen Börsen.

DAX Deutscher Leitindex, der am 1. Juli 1988 eingeführt wurde. Er spiegelt die 30 wichtigsten Standardtitel wider.

Dachfonds Eine besondere Art von → Investmentfonds, bei der die Investmentgesellschaft die zufließenden Gelder der Anleger in andere Investmentfonds investiert, um so eine noch größere Risikostreuung zu erreichen.

Day Trading Handel mit → Wertpapieren (Aktien, Optionen usw.) unter extrem kurzfristigen Aspekten. Die erworbenen Titel werden nur kurzfristig behalten, spätestens aber am Ende des Handelstages wieder veräußert.

Depot Aufbewahrungsort für Wertgegenstände im weitesten Sinne. Im Wertpapiergeschäft ist das Depot der Ort, wo Kreditinstitute gegen eine Gebühr die georderten Papiere für den Kunden verwaren (Depot-Konto).

Depotgebühren Laufende Gebühren, die die Bank ihren Kunden für die Verwahrung und Verwaltung von → Wertpapieren in Rechnung stellt.

Derivate → Futures, Optionen.

Deutsche Börse AG Trägergesellschaft der Frankfurter Wertpapierbörse.

Deutsche Terminbörse (DTB) An der DTB (→ EUREX), seit 1990 mit Sitz in Frankfurt, werden vollelektronisch → Futures und → Optionen gehandelt.

Devisen Ausländische Währungen.

Devisenkurs Beziffert das Austauschverhältnis zwischen zwei Währungen und wird während der Börsensitzung im → Amtlichen Handel (sofern dort notiert) je nach Angebot und Nachfrage festgestellt.

Discountbroker Als Finanzdienstleister bieten sie die Abwicklung von Wertpapieraufträgen zu Gebühren an, die deutlich unter den banküblichen Sätzen liegen. Allerdings erhält der Kunde keine Anlageberatung. Die Aufträge erfolgen meist per Fax, Telefon oder Computer.

Dividende Auf eine → Aktie entfallender Anteil des ausgeschütteten Gewinns einer → Aktiengesellschaft.

Dow Jones Index Amerikanischer Index der 30 umsatzstärksten Industriewerte an der New York Stock Exchange. Gilt als Leitindex der westlichen Welt.

Effekten Sammelbegriff für alle austauschbaren (handelbaren) → Wertpapiere.

Effektivverzinsung Die tatsächliche Verzinsung einer Geldanlage unter Berücksichtigung aller Faktoren wie Ankauf/Verkaufs-Spesen, Ankauf/Verkaufs-Kurs, Zwischengewinn, Bankgebühren, Zahlungsmodalitäten, steuerliche Auswirkungen usw.

Emerging Markets Sammelbegriff für die Aktienmärkte in Ländern, die sich an der Schwelle vom Entwicklungsland zur Industrienation befinden; bezeichnet aber auch Aktienmärkte, die im Vergleich zu ihren Nachbarn weniger stark entwickelt sind. Zu den Emerging Markets zählen infolgedessen nicht nur Länder wie Kolumbien, Simbabwe oder Nigeria, auch Staaten wie Griechenland und Portugal können dazu gerechnet werden.

Emission Ausgabe neuer → Wertpapiere (Aktien, Anleihen usw.).

Enger Markt Als »eng« bezeichnet man einen Markt, der auf Grund der Tagesumsätze nicht zu jeder Zeit liquide ist. Das heißt, auf einem engen Markt können aufgegebene → Orders gar nicht oder nur zum Teil ausgeführt werden.

EUREX Die elektronische Handelsplattform für Termingeschäfte mit weltweitem Zugriff.

Festgeld Festgeld oder auch Termineinlagen sind Anlagen mit einer festen Laufzeit und einem feststehendem Zinssatz, meist 4 Wochen bis 12 Monate.

Festverzinsliche Wertpapiere → Anleihen, die mit einem festgelegten Zinssatz (gleichbleibend oder im Lauf der Zeit steigend) ausgestattet sind.

Financial futures Engl. für für → Termingeschäfte.

Fixing Im Fixing werden an der Frankfurter Devisenbörse börsentäglich um 13 Uhr die Kurse der amtlich notierten Währungen ermittelt.

Floating rate notes → Anleihen mit einem variablen Zinssatz, die je nach gewählter Bezugsgröße (Referenzzinssatz, meist Euribor oder Libor) quartalsweise oder halbjährlich an die neuen Gegebenheiten angepasst werden, so dass die Kurse dieser Anleihen nur sehr geringen Kursschwankungen unterliegen.

Fonds Von einer Kapitalanlagegesellschaft (Investmentgesellschaft) verwaltete Sondervermögen, die je nach Ausrichtung in Immobilien, Wertpapieren o. ä. angelegt sind.

Fondssparplan Regelmäßige Zahlung eines bestimmten Betrages zur Ansammlung von Fondsanteilen.

Free Float Der Anteil an → Aktien einer Gesellschaft, die nicht im festen Besitz sind, sondern frei an der Börse gehandelt werden.

Freier Makler Von der Börsengeschäftsführung zugelassener Makler, der nicht für Endkunden, sondern ausschließlich als Vermittler für eine Bank tätig wird. Darüber hinaus kann er im Gegensatz zum → amtlichen Makler Geschäfte auf eigene Rechnung betreiben, und das sogar an mehreren Börsenplätze gleichzeitig.

Freistellungsauftrag Auftrag des Anlegers an sein Kreditinstitut, die Zinserträge sowie Dividenden von der → Zinsabschlagsteuer bis zur Höhe des im Auftrag angegebenen Betrages freizustellen.

Freiverkehr Börse für → Wertpapiere, die an anderen Teilmärkten nicht zugelassen sind, wobei der ungeregelte im Gegensatz zum → geregelten Freiverkehr im Wesentlichen am Telefon außerhalb der Börse stattfindet. Die Werte, die im Freiverkehr gehandelt werden, unterliegen bei weitem nicht den strengen Anforderungen anderer Börsensegmente.

Fundamentalanalyse Methode der Aktienanalyse, die den fundamentalen Daten eines Unternehmens besondere Bedeutung für die Bestimmung des Wertes beimisst, um so zu einer Anlageentscheidung zu gelangen. Daten wie → Cash flow, Gewinn, Ertragskraft sowie die allgemeine Kostenstruktur und die Aussichten für die Zukunft bilden hier die Basis der Entscheidung.

Futures Allgemeine Bezeichnung für → Terminkontrakte, mit denen eine Verpflichtung einge-gangen wird, bestimmte Titel, Waren o. ä. zu einem späteren Zeitpunkt zu einem bei Vertragsabschluss feststehenden Preis zu kaufen oder zu verkaufen. In der Praxis werden nicht die Waren, sondern nur die Werte gehandelt, es findet also ein Barausgleich statt.

Gap Engl. für Lücke oder Loch; bezeichnet das plötzliche Absacken oder Aufwärtsspringen zwischen zwei Kursen. Im → Chart bleibt hier ein Loch oder eben die Lücke.

Geldmarkt Markt für kurz- und mittelfristige Gelder, der im Wesentlichen zwischen Banken stattfindet, um deren Liquidität zu sichern.

Geldmarktpapiere Die am Geldmarkt gehandelten → Wertpapiere mit kurzer oder nur geringer Restlaufzeit.

Geldwäschegesetz (GWG) Auch Gewinnaufspürungsgesetz; verpflichtet die Banken zu Mithilfe beim Aufspüren von Gewinnen aus Straftaten oder Schwarzarbeit etc.

Gemischte Fonds Wertpapierfonds, die unterschiedliche Anlagewerte wie → Aktien, → Anleihen oder auch Immobilien gemeinsam in einem Fond führen.

Genehmigtes Kapital Sonderform der → Kapitalerhöhung einer → Aktiengesellschaft; wird vom → Vorstand beschlossen (Vorratsbeschluss) und muss innerhalb von fünf Jahren in eine ordentliche Kapitalerhöhung umgewandelt werden.

Geregelter Verkehr Im Geregelten Verkehr werden kleinere und mittlere Unternehmen gehandelt. Die Preisfeststellung ist ähnlich wie am → Amtlichen Markt, sie erfolgt durch nicht vereidigte Makler. Auch hier wird der Handel vom Börsenvorstand kontrolliert, im Vergleich zum Amtlichen Handel bestehen aber geringere Anforderungen für die Zulassung.

Gleitender Durchschnitt Trendindikator, der sich aus dem Durchschnitt der Kurse einer bestimmten Anzahl von vorausgegangenen Tagen ergibt (50-, 100- oder 200-Tagelinie). Je länger der gewählte Zeitraum, um so träger reagiert der gleitende Durchschnitt.

Going public Börsengang eines Unternehmens. Umwandlung einer Personengesellschaft in eine → Aktiengesellschaft mit anschließender Aufnahme an einer Wertpapierbörse.

Grauer Markt Unreglementierter Kapitalmarkt außerhalb der Börsen. Relativ schlecht einzuschätzen und risikoreich. Ein Forum für den Grauen Markt sind die Anzeigenteile überregionaler Zeitschriften.

Grundkapital Bei → Aktiengesellschaften die Gesamtheit des Aktienkapitals nach → Nennwert.

Hauptversammlung (HV) Die Hauptversammlung ist Organ einer → Aktiengesellschaft in der Beschlüsse gefasst und die Interessen der Aktionäre vertreten werden. Entsprechend seinem Aktienbesitz ist jeder Aktionär zur Stimmabgabe in der HV berechtigt. In der HV werden z. B. Beschlüsse über die Verwendung des Gewinns, Satzungsänderungen, Kapitalerhöhung u. v. m. gefasst.

Hausse Das Steigen der Aktienkurse eines einzelnen Marktes, Segments oder über den gesamten Markt hinweg über einen längeren Zeitraum. Das Gegenteil ist die → Baisse.

Hedging Die Absicherung von Kurs- oder Währungsrisiken bei → Wertpapieren, etwa durch den Kauf von → Optionen oder → Futures, die durch ihre Ausrichtung die Risiken des Wertpapiers oder Depots kompensieren.

Index Kennzahl, die die Entwicklung eines Marktes (z. B. Regionen, Länder, einzelne Branchen oder auch die Inflation) möglichst repräsentativ wiederspiegeln soll (→ DAX).

Indikatoren Kennzahlen, die den Vergleich unterschiedlicher Werte der selben Gattung ermöglichen sollen. In der → Fundamentalanalyse von Wertpapieren wird oft auf das → KGV (Kurs-Gewinn-Verhältnis), KCV (Kurs-Cashflow-Verhältnis) oder die Dividendenrendite geschaut.

Inhaberaktien Bei Inhaberaktien ist der Name des → Aktionärs weder auf der Urkunde selbst noch im Aktienbuch der → AG eingetragen, was aber keinerlei Einschränkung bezüglich der Rechte und der Fungibilität mit sich bringt.

Innerer Wert Kenngröße zur Bewertung von → Optionsscheinen, die den tatsächlichen Wert des Scheins angibt. Beispiel: Ist bei einem Optionsschein der Bezugspreis für eine Aktie bei € 200, die aber selbst mit € 230 gehandelt wird, liegt der innere Wert bei € 30.

Insidergeschäfte Börsengeschäfte von Insidern, die auf Grund ihrer Stellung oder Tätigkeit geheime, nicht öffentliche Informationen, die geeignet sind den Kurs der → Aktie maßgeblich zu beeinflussen, ausnutzen, um so der Entwicklung am Aktienmarkt zuvorzukommen. Die Überwachung obliegt dem Bundesaufsichtsamt für den Wertpapierhandel. Insidergeschäfte können mit hohen Geld- oder Freiheitsstrafen bis zu 5 Jahren geahndet werden.

Insolvenz Zahlungsunfähigkeit (Illiquidität) eines Unternehmens. Sollten keine weiteren Gelder dem Unternehmen zur Verfügung gestellt werden, kommt es zur Eröffnung eines Vergleichs oder Konkursverfahrens.

Inventarwert Der Inventarwert eines Wertpapierfonds ist die Summe der Vermögenswerte des → Fonds, der sogenannte Net-Asset-Value. Zu den Vermögenswerten eines → Investmentfonds gehören neben den notierten Wertpapieren wie → Aktien, → Anleihen und → Optionsscheinen auch nicht notierte Wertpapiere, Schuldscheindarlehen, Optionsrechte, Bankguthaben, Geldmarktpapiere, Dividenden, Zinsen, Steuererstattungsansprüche und sonstige Rechte. Sämtliche Vermögenswerte werden börsentäglich von der Depotbank bewertet. Die dafür notwendigen Kurse werden an den organisierten Märkten, wie

Aktienbörsen, Rentenbörsen, Over the Counter Märkten (OTC) oder im Freiverkehr ermittelt.

Investmentfonds Von einer Investmentgesellschaft aufgelegter Fonds, der die Gelder der Anleger je nach Ausrichtung des Fonds in Aktien, Renten, Immobilien o. ä. investiert. Bei den in Deutschland zugelassenen Fonds wird der Anteilspreis börsentäglich festgestellt. Der Kurs errechnet sich, indem man den Inventarwert des Fonds durch die Anzahl der umlaufenden Anteile dividiert.

Jahresüberschuss Der Gewinn einer → Aktiengesellschaft, der am Ende des Geschäftsjahres übrig bleibt. Nach Abzug von noch zu tätigende Rücklagen ergibt sich der Bilanzgewinn, über dessen Verwendung in der → Hauptversammlung entschieden wird.

Junk Bond Anleihe von → Emittenten mit schlechter → Bonität; zeichnen sich auf Grund des erhöhten Ausfallrisikos durch entsprechend hohen Zins aus.

Junge Aktie Bei der → Kapitalerhöhung einer → Aktiengesellschaft neu ausgegebene Aktie.

Kapitalanlagegesellschaft Investmentgesellschaft, die einen → Fonds als Sondervermögen verwaltet.

Kapitalerhöhung Erhöhung des Grundkapitals eines Unternehmens. Bei → Aktiengesellschaften in der → Hauptversammlung mit Zweidrittelmehrheit beschlossene Erhöhung die im wesentlichen durch die Ausgabe von → jungen Aktien erfolgt. Altaktionäre erhalten ein Bezugsrecht im Verhältnis der bisherigen Beteiligung.

Kapitalgesellschaft Gesellschaft, die als juristische Person betrachtet wird (Rechtspersönlichkeit). Die Inhaber haften nur in Höhe ihrer Einlage (→ Grundkapital). Kapitalgesellschaften wie GmbH, AG oder KgaA werden meist von einer oder mehreren Personen gegründet.

KG (Kommanditgesellschaft) Mindestens ein Gesellschafter haftet mit seinem privaten Vermögen (persönlich haftender Gesellschafter), alle anderen haften nur bis zu einer von den Gesellschaftern vereinbarten Höhe (Teilhafter).

KGaA (Kommanditgesellschaft auf Aktien) Weitgehend wie eine → KG aufgebaut. Genauso wie bei einer → AG hat die Kommanditgesellschaft auf Aktien einen → Vorstand und einen → Aufsichtsrat, wobei der vollhaftende Gesellschafter nicht in den Aufsichtsrat gewählt werden kann. Durch die Herausgabe von → Aktien ist es der Gesellschaft möglich, sich eine breite finanzielle Basis zu schaffen.

Konsolidierung Korrektur eines vorher übermäßig stark gestiegenen oder gefallenen Kurses bei → Wertpapier oder → Index.

Konsortium Eine von Kreditinstituten als Gesellschaft des Bürgerlichen Rechts gegründete Gesellschaft mit einem zeitlich und inhaltlich begrenzten Zweck (etwa die Emission von neuen Wertpapieren).

Körperschaftssteuer Form der Einkommenssteuer auf den Gewinn einer juristischen Person (GmbH, AG usw.). Für nicht ausgeschüttete und ausgeschüttete Gewinne werden gleichermaßen 25% Körperschaftssteuer fällig. Nach der Einführung des → Halbeinkünfteverfahrens kann nur noch die auf Ausschüttungen des Gewinns lastende Kapitalertragsteuer, nicht aber die Körperschaftsteuer angerechnet werden.

Kursfeststellung Ermittlung des für die jeweilige Abwicklung einer Transaktion gültigen Kurses. Er richtet sich nach Angebot und Nachfrage und wird vom → Makler durch Gegenüberstellung aller vorliegenden Kauf- und Verkaufsaufträge ermittelt.

Kurs-Gewinn-Verhältnis (KGV) Wichtige Kennzahl zur Beurteilung einer → Aktiengesellschaft hinsichtlich Ertrag und Entwicklung.

Kursindex Börsenindex, der die Wertentwicklung der darin enthaltenen Titel wiederspiegelt (Dow Jones, → DAX etc.)

Kurslimit Der maximale Betrag, zu dem ein Titel ge- oder verkauft werden soll. Ist die Kursentwicklung am Markt schneller als der Auftrag, wird dieser bis zum Erreichen des Limitkurses zurückgehalten, längstens bis zum terminlichen Verfall des Auftrages.

Kursmakler Vermittler von Wertpapieraufträgen im amtlichen Handel, der auch für die Preisfeststellung zuständig ist.

Kursnotierung Der ermittelte und im Börsenblatt wiedergegebene offizielle Kurs eines → Wertpapiers.

Kurswert Gibt das Ordervolumen an. Wenn Sie z. B. 100 Aktien zum Kurs von je € 25 ordern, ergibt sich ein Kurswert von € 2.500.

Leerverkäufe Verkauf von → Wertpapieren, Devisen etc., die der Verkäufer noch gar nicht besitzt, mit der Absicht, die Papiere zu einem späteren Zeitpunkt günstiger zu erwerben, um an der Differenz zu verdienen.

Leichte Aktien Aufgrund des niedrigen → Kurswertes für den Anleger besonders attraktiv erscheinende Aktien. Gegensatz sind → schwere Aktien.

Leitbörse Börse, an deren Entwicklung sich andere Aktienmärkte orientieren. Wichtige Leitbörsen sind die New York Stock Exchange sowie die Tokioter Börse.

Leverage Bezeichnet die Hebelwirkung im Handel mit → Optionsscheinen bezogen auf das eingesetzte Kapital.

Limit-Order Kursbegrenzung bei Börsenaufträgen. Ein Limit legt fest, dass ein Kaufauftrag nicht oberhalb, ein Verkaufsauftrag nicht unterhalb eines festgelegten Kurses ausgeführt werden soll.

Linienchart Grafische Darstellung von Schlusskursen. Beim Linienchart werden nur die Schlusskurse eines Titels auf der Zeitachse eingetragen, wodurch sich eine Kursverlaufslinie ergibt, die Aufschlüsse über die weitere Entwicklung geben soll.

Liquide Mittel Bezeichnet das frei zur Verfügung stehende Kapital.

Makler → Börsenmakler

Margin Sicherheitsleistung, die zum Erstellen einer → Future Position von den Mitgliedern der → EUREX hinterlegt werden muss.

Matching Automatische Zusammenführung passender Wertpapierorders an der Computerbörse.

MDAX Börsenindex, der 70 Aktiengesellschaften mittlerer Größe (→ Midcaps) berücksichtigt.

Midcaps → Aktien von Unternehmen mit einer mittelgroßen Börsenkapitalisierung.

Minusankündigung Hinweis des → Börsenmaklers, dass der aktuelle Kurs eines → Wertpapiers aufgrund der vorliegenden Aufträge erheblich unter den zuletzt festgestelltem Kurs liegen wird. Bei zu erwartender Veränderung von mindestens 5% wird dies mit einem »-« und bei Veränderungen um mindestens 10% mit einem »--« auf der Kursanzeigetafel angezeigt. Gegenteil: → Plusankündigung.

Mitarbeiteraktie → Aktien, die Betriebsangehörigen vom Arbeitgeber zu einem Vorzugspreis angeboten werden.

Momentum Chart, der sich aus der laufend fortgeführten Division des aktuellen Kurses durch den Wert von X Tagen errechnet. Technisch versucht man so eine Trendumkehr zu erkennen.

Mündelsichere Wertpapiere Papiere, die auf Grund Ihres geringen Risikos als Anlage von Mündelgelder besonders geeignet sind.

Namensaktie Auf den Namen des → Aktionärs lautende → Aktie, deren Weitergabe durch die Satzung der Gesellschaft eingeschränkt werden kann (→ vinkulierte Namensaktien). Laut Aktiengesetz ist der Inhaber einer Namensaktie in das → Aktienbuch der Gesellschaft mit Angabe von Wohnort und Beruf einzutragen. Gegenteil: → Inhaberaktien.

NASDAQ National Association of Securities Dealers Automated Quotation, die amerikanische Computerbörse, an der überwiegend Technologieaktien gehandelt werden.

Nebenwerte → Aktien von Gesellschaften mit recht kleiner Börsenkapitalisierung, deren Umsätze deutlich niedriger sind als die von Standardwerten.

NEMAX → Index zur Darstellung der Entwicklung am → Neuen Markt. Beim NEMAX 50 werden lediglich die 50 umsatzstärksten und beim NEMAX All Share alle gelisteten Unternehmen berücksichtigt.

Nennwert Auch Nominal- oder Nennbetrag genannt, der Betrag der auf dem Wertpapier (Aktien, Anleihen oder Banknoten) aufgedruckt ist. Bei → Aktien gibt er den auf eine Aktie entfallenden Anteil am Grundkapital der → Aktiengesellschaft an. Bei → Anleihen gibt der Nennwert den Betrag an, den der Emittent dem Inhaber der Anleihe schuldet.

Nettorendite Die tatsächliche Rendite einer Geld- oder Kapitalanlage nach Abzug der Kosten oder steuerlichen Behandlung der Anlage.

Neuer Markt Am Neuen Markt werden Aktien von innovativen Unternehmen aus den typischen Wachstumsbranchen, wie beispielsweise EDV, Telekommunikation, Umwelttechnik, Gen- und Biotechnologie, gehandelt. Dabei müssen hohe Zulassungsanforderungen erfüllt werden. Der Neue Markt wurde 1997 in Deutschland eingeführt und ist ein Marktsegment der Deutsche Börse AG.

Notenbank Die mit der Ausgabe von Geldnoten vertraute Bank. In Deutschland ist dies die Bundesbank.

Notes Engl. für → Anleihen mit kurzer oder mittelfristiger Laufzeit.

NYSE New York Stock Exchange. Die Börse an der Wall Street, die als → Leitbörse für die Entwicklung der anderen globalen Börsen gilt.

Obligationen Auch → Anleihe oder Schuldverschreibung. Sammelbegriff für → festverzinsliche Wertpapiere mit vereinbarter Laufzeit. Sie stellen für den Schuldner langfristige Finanzierungsmittel dar. Zinszahlungen und Rückzahlungen erfolgen zu festgelegten Terminen. Je nach Emittent unterscheidet man zwischen Kommunal-, Bank- oder Industrieobligationen.

Obligo Im kaufmännischem Sprachgebrauch Bezeichnung für eine Verbindlichkeit.

Oder-Konto Bezeichnung für ein Gemeinschaftskonto, bei dem zwei oder mehrere natürliche oder auch juristische Personen als Kontoinhaber eingetragen sind.

Offshore-Märkte Internationale Finanzplätze mit günstigen Standorteigenschaften wie Kapitalverkehr ohne Meldepflicht oder steuerliche Vergünstigungen.

Option Das Recht, ein nach Preis und Menge bestimmtes Angebot innerhalb einer bestimmten Frist anzunehmen oder abzulehnen. Eine Option bezieht sich hauptsäch-lich auf → Wertpapiere, Devisen, Waren oder Derivate.

Optionsprämie Aufgeld, das bei einem Handel mit → Optionen der Verkäufer für seine Leistung erhält.

Optionsschein Die verbriefte Form einer Option.

Ordentliche Hauptversammlung Von der → Aktiengesellschaft jährlich einberufene Versammlung für alle → Aktionäre.

Order Auftrag zum Kauf oder Verkauf von → Wertpapieren.

Organe Natürliche Personen, die für eine juristische Person, GmbH, AG etc. rechtswirksame Entscheidungen treffen, da juristische Personen trotz Rechtsfähigkeit nicht selbstständig handeln können.

Over the counter market (OTC-Market) Markt für außerbörslich gehandelte Werte, wie → Aktien, → Optionen oder → Anleihen. Sie werden direkt von Banken oder Finanzdienstleistern dem Käufer außerbörslich angeboten, unterliegen aber dennoch den geltenden gesetzlichen Bestimmungen für den Wertpapierhandel.

Pari Kurs eines → Wertpapiers, der zu 100 % dem Nennwert entspricht.

Pari-Emission Wird ein → Wertpapier genau zum → Nennwert ausgegeben, spricht man von einer Pari- Emission. → Anleihen können über oder unter Pari ausgegeben werden, → Aktien nur Pari oder darüber.

Parkett Der Ort, an dem der Börsenhandel stattfindet. Bis auf wenige Ausnahmen nur den zugelassenen Händlern und → Maklern vorbehalten.

P/E oder PER Abkürzung für Price Earnings Ratio, engl. für → Kurs-Gewinn-Verhältnis.

Penny stocks → Aktien mit einem extrem niedrigem Kurs. Diese Aktien werden meist für wenige Cents gehandelt und sind höchst spekulativ.

Performance Prozentualer Wertzuwachs einer Anlage innerhalb eines bestimmten Zeitraumes.

Plusankündigung Hinweis des Börsenmaklers, dass der aktuelle Kurs eines → Wertpapiers auf Grund der vorliegenden Aufträge erheblich über dem zuletzt festgestellten Kurs liegen wird. Bei zu erwartender Veränderung von mindestens 5% wird dies mit einem »+« und bei Veränderungen um mindestens 10% mit einem »++« auf der Kursanzeigetafel angezeigt. Gegenteil: → Minusankündigung

Point-&-Figure-Chart In diesem Chart wird mit Hilfe von X und O die Kursbewegung vertikal dargestellt, ohne Berücksichtigung der Zeit, in der die Kursbewegung stattfindet. Erst wenn es zu einer Richtungsänderung (aufwärts oder abwärts) kommt, wird eine neue Spalte rechts von der alten begonnen und so lange aufgebaut bis sich wieder eine Richtungsänderung einstellt. Aufwärtsbewegungen werden mit einem X je Einheit und Abwärtsbewegungen mit einem O eingezeichnet.

Portefeuille Gesamtbestand von → Wertpapieren innerhalb eines → Depots.

Präsenzbörse Von → Maklern durchgeführter Wertpapierhandel im Börsengebäude des jeweiligen Börsenplatzes.

Provision Vergütung des Dienstleisters (Bank) für die Übername von Dienstleistungen bei Börsengeschäften. Die Provision wird meist auf den Kauf und Verkauf von → Wertpapieren erhoben und ist immer abhängig von Art und Umfang der Transaktionen.

Publizitätspflicht Regelmäßige Bekanntgabe von Informationen über Entwicklung und allgemeine Situation einer Aktiengesellschaft. Entscheidend sind die Bestimmungen des jeweiligen Marktsegments (→ Neuer Markt, → Amtlicher Handel usw.). Unternehmen, die der Publizitätspflicht nur unzureichend nachkommen, können vom Handel ausgesetzt oder auch die Zulassung selbst entzogen bekommen.

Put Engl. für Verkaufsoption. Der Verkäufer geht hier von einem fallendem Kurs des zu Grunde liegenden Wertes aus. Der Käufer einer Put-Option erwirbt das Recht, einen bestimmten Bezugswert innerhalb eines festgelegten Zeitraums zu einem vereinbarten Preis zu verkaufen. Wenn er die erworbene → Option nicht ausübt, verfällt sie. Gegenteil: → Call.

Quellensteuer Steuer, die auf Einnahmen aus Kapitalvermögen fällig wird und direkt an der Quelle von diesen Einnamen abgezogen und an das zuständige Finanzamt abgeführt wird.

Rating Beurteilung und Einstufung der → Bonität von Schuldnern anhand festgelegter Kriterien durch so genannte Ratingagenturen wie Standart & Poor's oder Moodys. Beste Bonität, AAA oder aaa, bedeutet auch höchste Sicherheit bezüglich der Zahlungsfähigkeit des Schuldners, D oder d und niedriger bedeuten sehr hohes Risiko, einschließlich der Möglichkeit eines Totalverlusts.

Realignment Anpassung von Leitkursen an veränderte Verhältnisse im Rahmen eines Systems.

Realtime-Kurse Kurse, die in dem Augenblick übermittelt werden, in dem sie tatsächlich entstehen.

Rechenschaftsbericht → Kapitalanlagegesellschaften sind gesetzlich verpflichtet, jährlich über jeden → Fonds einen Rechenschaftsbericht (bzw. halbjährlich einen Zwischenbericht) zu veröffentlichen. Er informiert Anleger über die Geschäfts- und Fondsentwicklung.

Relative Stärke Der Indikator misst das Kursverhalten eines Titels im Vergleich zum Kursverhalten des Gesamtmarktes, der durch einen entsprechenden → Index repräsentiert wird. Je größer der Relative-Stärke-Wert, um so stärker verhielt sich die → Aktie im Vergleich zum Index. Das gibt Aufschluss darüber, ob sich die Aktie besser oder schlechter als der Index entwickelt hat.

Rendite Reinertrag einer Anlage pro Jahr, in Prozent vom eingesetzten Kapital.

Rentenmarkt Markt für den Handel mit → festverzinslichen Wertpapieren (→ Anleihen).

Rücknahmepreis Preis, zu dem → Kapitalanlagegesellschaften Anteile von → Fonds von Anlegern zurückkaufen. Der Rücknahmepreis entspricht dem Anteils- oder Inventarwert und wird börsentäglich ermittelt.

Shares/Stocks Engl. für → Aktien.

Schwere Aktien → Aktien, die auf Grund ihres hohen Kurses optisch teuer sind und so weniger attraktiv erscheinen. Gegenteil: → leichte Aktien.

SEC Securities and Exchange Commission, die nationale Börsenaufsichtsbehörde in den USA.

Settlement Erfüllung eines Finanzgeschäftes, meist im Zusammenhang mit der Abwicklung von → Optionen und → Futures verwendet.

Shareholder value Unternehmenspolitik im Hinblick auf die Interessen der Anteilseigner, vor allem die Erzielung einer angemessenen Rendite.

Small Caps → Aktiengesellschaften mit geringer Börsenkapitalisierung.

SMAX Index für → Small Caps.

Sondervermögen Das von einer → Investmentgesellschaft für einen bestimmten → Fonds verwaltete Vermögen. Das Geld der Fondsanleger und die für den Fonds erworbenen Vermögenswerte müssen als Sondervermögen strikt vom Vermögen der Investmentgesellschaft getrennt werden. Gerät eine Kapitalanlagegesellschaft in finanzielle Schwierigkeiten, ist die Inanspruchnahme des Fondsvermögens zur Deckung von Verbindlichkeiten ausgeschlossen.

Sorten Ausländische Währungen.

Sparerfreibetrag Freibetrag, bis zu dem Einkünfte aus Kapitalvermögen steuerfrei bleiben. Ab 1. Januar 2002 beträgt der Sparerfreibetrag (inklusive Werbungskostenpauschale) für Ledige 1.501 € und 3.002. € für Verheiratete.

Spekulation Eine in die Zukunft gerichtete Investition mit dem Ziel, innerhalb eines bestimmten Zeitraums einen wirtschaftlichen Nutzen zu erzielen.

Spekulationsfrist Bei Wertpapiergeschäften müssen zwischen Kauf und Verkauf mindestens 12 Monate verstreichen, ansonsten sind die daraus entstandenen Kursgewinne steuerpflichtig, falls der Betrag über 512 € im Jahr liegt (Spekulationsgewinn). Versteuert wird nach dem → Halbeinkünftevefahren.

Split Verfahren, das aus → schweren Aktien → leichte macht, mit dem Ziel einen optisch attraktiveren Kurs darstellen zu können. Erfolgt ein Split im Verhältnis 1 zu 2, so bekommen Sie für jede → alte Aktie in Ihrem Depot zwei neue. Die Anzahl der Aktien verdoppelt sich, der Nominalwert der Aktie halbiert sich und Ihr Depotwert bleibt gleich.

Stammaktien (Stämme) → Aktien, die dem Anteilseigner die in der Satzung festgehaltenen Rechte, insbesondere das Stimmrecht auf der → Hauptversammlung, gewähren.

Standardaktien Auch → Blue Chips genannt; Aktien von erstklassigen Gesellschaften mit besonders guter → Bonität.

Stille Reserve Die nicht öffentlich sichtbaren finanziellen Reserven eines Unternehmens. Eine stille Reserve ist z. B. der Unterschied zwischen einer längst getätigten Investition und dem heutigen Verkehrswert.

Stimmrecht Das dem Inhaber von → Stammaktien zustehende Recht zur Stimmabgabe auf der → Hauptversammlung einer → Aktiengesellschaft.

Stop Loss Unlimitierte Verkaufsorder, die bei Unterschreiten eines bestimmten Kurses sofort ausgeführt wird. Der Anleger kann sich so bei stark fallenden Kursen relativ schnell von seiner Position trennen, ohne selbst aktiv zu werden zu müssen.

Streubesitz Die Menge der → Aktien eines Unternehmens, die sich nicht in festen Händen befinden, sondern frei an der Börse gehandelt werden.

Swap Engl. für Tausch; Vereinbarung zweier Banken über den Tausch von Währungs- und Zinsgeschäften, so genannte Devisen- oder Zinsswaps.

Termingeschäft Vereinbarung zweier Parteien über die Lieferung oder Abnahme eines Produkts (→ Aktien, → Devisen oder sonstiger Waren) zu einem bestimmten Zeitpunkt und einem vereinbarten Preis. Man unterscheidet hierbei das → Optionsgeschäft (der Partei wird das Recht eingeräumt, die Option verfallen zu lassen oder auszuüben), das Prämiengeschäft (durch Zahlung einer Prämie wird der Partei das Recht auf Rücktritt eingeräumt) und das

Fixgeschäft (die Erfüllung ist für beide Seiten zwingend).

Trading
Sehr kurzfristiger An- und Verkauf von Werten. Die Titel sind dabei nur kurz (auch weniger als einen Tag) im → Depot.

Trendlinie In einem → Chart eingezeichnete Linie, die den Trend des zurückliegenden Zeitraums wiederspiegelt. Man erhält sie, indem man mehrere Hoch- oder Tiefpunkte miteinander verbindet. Liegt z. B. der zweite Tiefpunkt über dem ersten, läßt sich daraus ein Aufwärtstrend ablesen.

Turn-around Positive Veränderung eines lang anhaltenden Abwärtstrends. Eine → Aktie, die über einen langen Zeitraum hinweg übermäßig gefallen ist, kann zum potentiellen Turn-around-Kandidaten werden, wenn sich die wirtschaftliche und finanzielle Situation des Unternehmens bessert. Wenn sich diese Situation stabilisiert und der Kurs steigt und dieser Trend auch länger anhält, hat das Unternehmen den Turn-around geschafft.

Überzeichnung Übersteigt bei der Ausgabe von neuen → Aktien die Nachfrage das Angebot, ist die Aktie überzeichnet.

Ungeregelter Freiverkehr Auch Telefonverkehr genannt. Börsensegment für kleinere Unternehmen die meist die Voraussetzungen für die Zulassung an einem anderen Marktsegment nicht mitbringen. Die Zulassung einer Gesellschaft kann von einer Bank ohne ein besonderes Verfahren beim Börsenausschuss beantragt werden.

Vinkulierte Namensaktie → Namensaktien, bei denen die Veräußerung/Übertragung eingeschränkt ist. Die Zustimmung ist in der Satzung der jeweiligen Gesellschaft geregelt und wird über den → Vorstand ausgeübt.

Volatilität Kursschwankungen. Bei starken Schwankungen wird von hoher Volatilität gesprochen, bei schwachen Schwankungen von geringer Volatilität. Die Volatilität ist somit für den Anleger ein Maß dafür, ob es sich um eine eher spekulative oder eher konservative Anlage handelt.

Vorbörse Der Handel, der vor oder nach der eigentlichen Börsensitzung und außerhalb der Verantwortung der Börse stattfindet.

Vorzugsaktie → Aktie mit Vorrechten bei der Dividendenberechtigung. Oft ist eine Besserstellung der → Vorzugsaktionäre bei der Abwicklung der → AG vorgesehen. Im Gegenzug ist meist das Stimmrecht auf der → Hauptversammlung ausgeschlossen.

Warenbörsen Börsen für den Handel mit Rohstoffen wie Nahrungsmitteln oder landwirtschaftlichen Produkten, meist im → Termingeschäft.

Wertpapier Verbrieftes Vermögensrecht in Form einer Urkunde, für dessen Geltendmachung der Besitz der Urkunde nötig ist, z. B. → Aktien, Schuldverschreibungen, Investmentzertifikate.

Wertpapierkennummer (WKN) Buchstaben- und Zahlenkombination zur eindeutigen Identifizierung von → Wertpapieren. Die bisher in Deutschland gebräuchliche WKN wird ab 2003 durch einen internationalen Code aus Länderkennung, WKN und einer Prüfkennung ersetzt.

WPHG Wertpapierhandelsgesetz; ist anzuwenden auf »die Erbringung von Wertpapierdienstleistungen und Wertpapiernebendienstleistungen, den börslichen und außerbörslichen Handel mit Wertpapieren, Geldmarktinstrumenten und Derivaten sowie auf Veränderungen der Stimmrechtsanteile von Aktionären an börsennotierten Gesellschaften«.

XETRA Exchange Electronic Trading, das elektronische Handelssystem der Deutsche Börse AG. Gehandelt werden → Aktien, → Anleihen sowie → Optionsscheine.

Zeichnen Rechtsverbindliche Kaufwünsche von neu auszugebenden → Wertpapieren (Emission von Wertpapieren) zu den Bedingungen des Angebots.

Zero Bonds Mittel- bis langfristige sog. Null-Kupon-Anleihen ohne laufende Zinszahlungen. Es handelt sich hierbei um abgezinste → Anleihen, die bei Fälligkeit zum → Nennwert zurückbezahlt werden. Die Verzinsung bis zum Rückzahlungstermin bezieht sich also auf den jeweiligen Unterschiedsbetrag zwischen dem Kaufkurs und der Tilgung zum Nominalwert.

Zertifikat Anteilsschein einer Investmentgesellschaft (→ Investmentfonds).

Zins Entgelt für die Überlassung von Geld.

Zinsabschlagsteuer (ZAST) Eine Form der → Kapitalertragssteuer, die von inländischen Banken auf Zinsen sowie zinsähnliche Erträge von Kapitalanlagen erhoben und direkt an das Finanzamt abgeführt wird. Seit Einführung der Zinsabschlagsteuer zum 1. Januar 1993 wird auch auf die in den Ertragsausschüttungen von Wertpapierfonds enthaltenen Zinsen bei der Auszahlung an inländische Anleger diese Form der Voraussteuer in Höhe von 30 Prozent erhoben. Zzgl. des Solidaritätszuschlages (SolZ) in Höhe von derzeit 5,5 Prozent auf die zu entrichtende ZASt. Für die ZASt ist das Zuflussprinzip maßgeblich, d. h. sie wird in dem Augenblick erhoben, in dem die Zinsen dem Anleger zufließen. Daher führen Kreditinstitute nach Zufluss der Zinsen die ZASt an das zuständige Finanzamt ab. Die Entrichtung der ZASt kann durch das Stellen eines → Freistellungsauftrages (FSA) bei dem zuständigen Kreditinstitut verhindert werden.

Zuflussprinzip Regelung des Einkommenssteuerrechts, die besagt, dass Einkünfte aus Kapitalvermögen (Zinsen, Dividende usw.) in dem Kalenderjahr zu versteuern sind, in dem sie zugeflossen sind.

Zuteilung Bei Überzeichnung vor der Ausgabe → neuer Aktien (Emission) stattfindende Aufteilung auf die Zeichner.

Zyklische Aktie → Aktien von Unternehmen mit konjunkturabhängiger Ertragsentwicklung, bei denen davon ausgegangen werden kann, dass sich auch der Aktienkurs entsprechend entwickelt.

Informationen für Anleger

Für eine erfolgreiche Anlagestrategie ist es unerlässlich, das Börsen- und Wirtschaftsgeschehen in den Medien zu verfolgen. Dazu stehen Ihnen neben den Wirtschafts- und Börsenteilen der Tageszeitungen auch eine ganze Reihe von Spezialzeitschriften zur Verfügung. Viele Anleger schätzen Börsensendungen in Rundfunk und Fernsehen, die mit größter Aktualität berichten. Auch das Internet ist eine wahre Fundgrube für Börsenprofis und alle, die es werden wollen.

Ein Problem bei allen Medien ist die Objektivität der Berichterstattung. Nicht von der Hand zu weisen ist die Tatsache, dass durch Veröffentlichungen in den Medien das Verhalten der Anleger so stark beeinflusst werden kann, dass es sich in den Kursgewinnen niederschlägt. So gab es in den Börsenhochzeiten der Jahre 1999, 2000 und auch noch 2001 den so genannten »*Euro-Am-Sonntag*-Kauf-Montag«, das heißt, die Aktien- oder Fondsempfehlungen der wöchentlich erscheinenden Zeitschrift *Euro Am Sonntag* wurden am darauffolgenden Montag massenweise umgesetzt.

Börsen- und Wirtschaftszeitungen

Im allgemeinen bietet schon der Wirtschaftsteil der großen überregionalen Tageszeitungen einen ganz guten Überblick über das Börsengeschen. Einen hervorragenden Börsen- und Wirtschaftsteil finden Sie in der *Frankfurter Allgemeinen Zeitung,* in der *Stuttgarter Zeitung,* der *Süddeutschen Zeitung* und der *Welt.*

Zu den führenden deutschen Börsenzeitungen gehören die *Financial Times Deutschland,* das *Handelsblatt* und die *Börsenzeitung.*

Zu den interessanten Finanzzeitschriften, die wöchentlich, zweiwöchentlich oder monatlich erscheinen, gehören: *Börse Online, Capital, Finanzen, Focus Money, Impulse, Die Wirtschaftswoche.*

Börsen-Informationsblätter

Gerne gelesen werden so genannte Börsenbriefe, von denen sich Anleger/Innen den »heißen« Tipp erhoffen. Mag dies in Einzelfällen auch geglückt sein, eine Garantie dafür gibt es natürlich nicht. Insgesamt ist die Qualität der Informationen in diesen Börsenblättern nicht unumstritten. Was in jedem Fall stimmt, ist allerdings der Preis – zumindest für die Verlage: Abonnementpreise zwischen 200 und 500 Euro pro Jahr sind keine Seltenheit. Dafür enthalten die Börsenbriefe in der Regel keine Werbung.

Zu den seriösen Informationsblättern gehören zum Beispiel *Frankfurter Börsenbriefe, Fuchsbrief, Geldbrief, Der Platow-Brief.*

Radio und Fernsehen

Neben den Wirtschaftsberichten der Hörfunkstationen hat auch das Wirtschaftsfernsehen treue Zuschauer und Zuschauerinnen gewonnen.

Sender wie N 24, Bloomberg, 3Sat-Börse und vor allem n-tv, wo mehrfach täglich Informationen von den Aktienmärkten geboten werden, erfreuen sich großer Beliebtheit. Gleichzeitig wird die Qualität der Sendungen immer besser. Mit fremdsprachigen Sendern wie BBC World sind Sie auch über die aktuellen Entwicklungen in den USA immer im Bilde. Auch bei den öffentlich-rechtlichen Sendern haben die täglichen Börsennachrichten mit Liveschaltungen in die Frankfurter Börse inzwischen einen festen Platz im Programm.

Einige Fernsehsender bieten auch im Videotext laufend Aktienkurse und andere aktuelle Informationen von der Börse. Eine gute Übersicht bietet zum Beispiel die ARD:

Seite 718
Ad-hoc-Service

Seite 732
Deutsche und europäische Aktienindizes

Seite 747
Internationale Aktienindizes

Seite 732–745
Aktienkurse Frankfurt

Seite 750–757
Aktienkurse Berlin

Seite 748
Aktienkurse New York

Seite 760
Investmentfonds

Internet

Schnelle und vor allem erschwingliche Informationen hält das Internet für alle Interessierten bereit. Wenn auch der Zeitaufwand nicht unerheblich ist, die Aktualität überzeugt immer:

www.aktiencheck.de ist ein Finanzinformationsdienst mit vielfältigen Daten und Informationen.

www.aktienforum.com gibt Ihnen die Möglichkeit, sich per Link in die Webseiten der börsennotierten deutschen Aktiengesellschaften einzuklinken. Darüber hinaus kostenlose Anlageempfehlungen deutscher und internationaler Banken.

www.aktienresearch.de Aktuelle Analysen und Börsennews.

www.anlage-trainer.de hält viele Tipps für Börsenneulinge parat und gibt einen Einblick ins Börsengeschehen.

www.bdb.de Der Bundesverband deutscher Banken bietet umfassendes Material zur Börse und den Banken allgemein.

www.boerselinks.de und
www.top-boersenlinks.de Viele Links zu interessanten Börsenwebsites.

www.business-channel.de bietet komplexe Informationen aus dem Verlagshaus Gruner & Jahr, d. h. aus den Redaktionen von *BörseOnline, Capital* und *Impulse*.

www.dai.de Das Deutsche Aktieninstitut informiert unabhängig zum Thema Aktien.

www.datastream.de Mehr als 30.000 Tageskurse, kostenlos.

www.deutsche-boerse.de ist die Internetplattform der Deutschen Börse AG mit umfassenden Informationen rund um die Börse, Indizes, Marktbewegungen u.v.m.

www.deutscher-verband.de bietet Adressen von Daytrading-Centern.

www.diskountbroker.de gibt Ihnen die Möglichkeit, als Testportal die gut 20 Discountbroker nach verschiedenen Kriterien zu untersuchen und zu vergleichen.

www.exchange.de ist der direkte Draht der Deutschen Börse AG zu den Indizes und Kursen vom Börsenparkett.

www.finanzplatz.de ist der Informationspool zum Finanzplatz Deutschland mit Daten, Hintergründen und Links zu den wichtigsten Institutionen.

www.frauenfinanztreff.de führt Adressen, vor allem von weiblichen Börsenclubs und -stammtischen und gibt Hinweise auf Informationsveranstaltungen und Seminare.

www.hoppenstedt.de Neben den kostenfreien Informationen finden Sie hier gebührenpflichtige Daten über Hauptversammlungen und sonstige wichtige Hintergrunddaten.

www.onvista.de Größter europäischer Anbieter von Finanzmarktdaten und Anwendungen. Eine umfassende Datenbank mit Kursen, Charts zu Aktien, Optionsscheinen und Fonds sowie Vergleichen von Firmen und Hintergrundinformationen, z. B. Geschäfsberichte.

www.reuters.com Die Nachrichtenagentur Reuters bietet Nachrichten und Wirtschaftsnachrichten aus aller Welt sowie Börsenkurse.

www.schnigge.com Wertpapierhandelsbank und Börsenmakler; die wichtigste Informationsquelle für den vorbörslichen Handel.

www.technical-investor.de Bietet Analyse-Tools und interaktive Charts für alle Anhänger der Charttechnik.

www.vwd.de Die Vereinigten Wirtschaftsdienste bieten Runduminformationen, Nachrichten, Indikatoren u.v.m.

www.wiwo.de hält einen Depotrechner für Sie bereit, der die Kosten für Aktienkäufe und Depotverwaltung bei einzelnen Banken miteinander vergleicht.

Guter Rat

Bundesaufsichtsamt für den
Wertpapierhandel (BAWe)
Lurgiallee 12
60439 Frankfurt/Main
Tel. 0 69/9 59 52-0
www.bawe.de
An das BAWe können Sie sich wenden, wenn Sie sich schlecht beraten fühlen, eventuell dadurch auch Geld verloren haben oder wenn Ihnen ein Angebot suspekt vorkommt.

Bundesverband Deutscher
Investment-Gesellschaften (BVI)
Eschenheimer Anlage 28
60318 Frankfurt/Main
Tel. 0 69 / 1 540 90-0
www.bvi.de
Informationen rund um das Thema Investment-Fonds.

Deutsches Aktieninstitut e.V. (DAI)
Biebergasse 6 – 10
60313 Frankfurt/Main,
Tel. 0 69 / 9 29 15-0
www.dai.de
Die Aufgabe des DAI ist es, Aktien als Anlageform zu fördern. Auf dieser Grundlage stellt es Informationen bereit für Aktionäre und alle, die es werden wollen.

Schutzgemeinschaft der Kleinaktionäre e.V.
Karlsplatz 3
80335 München
Tel. 0 89 / 59 99 87 33
www.sdk.org
Bietet Termine und Berichte von Hauptversammlungen. Hier können Sie sich beschweren, Infos einholen und Rücksprache über Aktionsmöglichkeiten halten, wenn Sie sich von einem Unternehmen geschädigt fühlen.

Deutsche Schutzvereinigung für Wertpapierbesitz e.V. (DSW)
Hamborner Straße 53
40472 Düsseldorf
Tel. 02 11 / 66 97 02
www.dws.info.de
Vertritt Aktionäre und deren Interessen und hält vielfältige Informationen rund um das Thema Börse für Sie bereit.

Die deutschen Börsen

Berliner Wertpapierbörse
Fasanenstraße 85
10623 Berlin
Tel. 0 30 / 3 11 09 10
www.berlinerboerse.de

Bremer Wertpapierbörse
Obernstraße 2-12
28195 Bremen
Tel. 04 21 / 32 12 82
www.boerse-bremen.de

Rheinisch-Westfälische Börse
zu Düsseldorf
Ernst-Schneider-Platz 1
40212 Düssseldorf
Tel. 02 11 / 1 38 90
www.boerse-duesseldorf.de

Deutsche Börse AG
Börsenplatz
60313 Frankfurt/Main
Tel. 0 69 / 2 10 10
www.exchange.de

Hanseatische Wertpapierbörse Hamburg
Schauenburgerstraße 49/III
20095 Hamburg
Tel. 0 40 / 3 61 30 20
www.boersenag.de

Niedersächsische Börse zu Hannover
Rathenaustraße 2
30150 Hannover
Tel. 05 11/ 32 76 61
www.boerse-hannover.de

Bayerische Börse
Lenbachplatz 2a
80333 München
Tel. 0 89 / 5 49 04 50
www.bayerische-boerse.de

Baden-Württembergische Wertpapierbörse
zu Stuttgart
Königstraße 28
70173 Stuttgart
Tel. 07 11 / 2 22 98 50
www.boerse-stuttgart.de

Die wichtigsten internationalen Börsen

EURONEXT Amsterdam
Beursplein 5
NL-1012 Amsterdam
Tel. 00 31 2 / 05 50 55 55
www.euronext.com

EURONEXT Brüssel
Palais de la Bourse
B-1000 Brüssel
Tel. 00 32 2 / 5 09 12 11
www.euronext.com

Chicago Board of Options Exchange (CBOE)
400 South Lasalle
Chicago, IL 60605, USA
Tel. 001 312 / 7 86 56 00
www.cboe.com

Chicago Board of Trade (CBOT)
141 West Jackson Blvd.
Chicago, IL 60604-2994, USA
Tel. 001 312 / 4 35 79 55
www.cbot.com

London International Financial Futures and Options Exchange (LIFFE)
Cannon Bridge
GB-London EC4R 3XX
Tel. 00 44 171 / 6 23 04 44
www.liffe.com

London Stock Exchange
Corner Old Broad and Threadneedle Street
GB-London EC2N 1HP
Tel. 00 44 171 / 7 97 10 00
www.londonstockex.co.uk

Bolsa Madrid
Plaza de la Lealtad 2
E-28014 Madrid
Tel. 00 46 1 / 9 02 22 16 62
www.bolsamadrid.es

Borsa Italiana
Piazza Affari 6
I-20123 Mailand
Tel. 00 34 02 / 72 42 62 07
www.borsaitalia.it

The NASDAQ Stock Market, Inc.
www.nasdaq.com

New York Stock Exchange (NYSE)
11 Wall Street
New York, NY 10005, USA
Tel. 001 212 / 6 23 30 00
www.nyse.com

EURONEXT Paris
Bourse de Paris
39, rue Cambon
F-75039 Paris Cedex 01
Tel. 00 33 1 / 49 27 10 00
www.bourse-de-paris.fr

Tokyo Stock Exchange (TSE)
2-1, Nihombashi-Kabuto-cho, Chuo-ku
Tokyo 102, Japan
Tel. 00 81 3 / 6 66 01 41
www.tse.or.jp/eindex.html

Börse Wien
Wipplingerstraße 34
A-1011 Wien
Tel. 00 43-1 / 5 34 99
www.wbag.at

SWX Swiss Exchange
Selmanstraße 30
CH-8021 Zürich
Tel. 00 41-1 / 2 29 21 11
www.bourse.ch

Direktbanken und Discountbroker

1822 direkt
Borsigallee 19
60608 Frankfurt/Main
Tel. 0 18 03 / 24 18 22

Advance Bank
Putzbrunner Straße 71
81739 München
Tel. 0 18 03 / 33 00 11
www.advance-bank.de

Comdirekt Bank
Pascalkehre 15
25451 Quickborn
Tel. 0 18 03 / 44 45
www.comdirekt.de

Consors
Johannesgasse 20
90402 Nürnberg

Tel. 0 18 03 / 25 25 11
www.consors.de

DAB Direktanlagebank
Landsbergerstraße 428
81241 München
Tel. 01 80 2 / 25 45 00
www.dab.com

Deutsche Bank 24
Ulmenstraße 37 – 39
60325 Frankfurt/Main
Tel. 0 69 / 910 00
www.deutsche-bank-24.de

DiBa Allgemeine Deutsche Direktbank
Basler Straße 27 – 31
60329 Frankfurt/Main
Tel. 01 80 2 / 44 55 88
www.diba.de

Entrium Direct Bankers AG
Karl-Matell-Straße 60
90320 Nürnberg
Tel. 08 00 / 8 00 20 30
www.entrium.de

E*Trade Bank AG
Postfach 510350
13363 Berlin
Tel. 0 30 / 23 36 66 33
www.etrade.com

Fimatex
Mainzer Landstraße 46
60325 Frankfurt/Main
Tel. 0 69 7 7 10 75 00
www.fimatex.de

maxblue
Kundenservice
53255 Bonn
Tel. 0 18 03 / 81 28 12
www.maxblue.de

Zum Weiterlesen

Heinz-Peter Arndt, Investmentclubs, Niedernhausen 1999

Deutsches Aktieninstitut (Hg.), Alles über Aktien, Frankfurt/Main 2002

Deutsches Aktieninstitut (Hg.), Aktien richtig einschätzen, Frankfurt/M. 2000

Warren Buffett, Vom bleibenden Wert, München 1998

Friedhelm Busch, Greife nie in ein fallendes Messer. Börsenwahrheiten beim Wort genommen, Frankfurt 2000

R. D. Edwards / J. Magees, Technische Analyse von Aktientrends, Darmstadt 1976

Gesellschaft für Fondsanalyse (Hg.), Fonds-Guide Deutschland 2002, Stuttgart 2001

Thiemo Heeg / Anja Matejka, Aktien perfekt auswählen, München 2001

Matthias Iken / Holger Zschäpitz, Börse frontal, Düsseldorf 2001

Ron Insana, Die Botschaft der Märkte. Wie das Weltgeschehen die Märkte beinflusst – und umgekehrt, Landsberg 2001

André Kostolany, Kostolanys beste Tipps für Geldanleger, Düsseldorf 1999

Reinhardt Knapp, Profi-Handbuch der Aktienanalyse, Regensburg 1998

Werner Plötz, Welt-Börsenführer. Börsen – Branchen – Aktien, Zürich 2001

Sabine Theadora Ruh, Europäische Aktien, Financial Times Deutschland, 2001

Rainer Schätzle / Heinrich Morgen, Handbuch Börse, München 2002

Horst und Stefan Weissenfeld, Börsengurus und ihre Strategien, Rosenheim 2000

G. Wierichs / S., Gablers Kompakt-Lexikon »Bank und Börse«, Wiesbaden 2001

Bildnachweis

Action Press 24, 127

Advance Bank 136

Associated Press 143

Archiv der Autorin 12, 22, 35, 38, 40, 45, 67, 68, 99, 100, 106–113, 123, 131, 150, 153, Umschlagvorderseite oben u. Mitte links

Archiv DuMont Literatur und Kunst Verlag 9, 11, 15

Baumgarten 71

Bayerische Staatsbibliothek, München 10

Bloomberg, Laif 47

Börse Online 139

Bredius Museum, Den Haag 13

British Museum, London 8

Helmut Claus 142

Consors 137

Deutsche Bank 137

Deutsche Post 8, 85

Deutsches Museum, München 15

© Disney. Alle Rechte vorbehalten 148

dpa, Frankfurt/M. 2, 16, 17, 19, 21, 27, 30, 36, 52, 59, 61, 64, 76, 87, 95, 97, 115, 145, 147, 157, Umschlagvorderseite alle außer ganz oben und Mitte links, Umschlagrückseite links

Dresdner Bank 134

EUWAX 23

Feri Trust 31

Financial Times Deutschland 129

Globus Infografik GmbH 33, 34, 48, 54, 58, 79, 88, 92, 93, 94, 124, 125, 126, 128

Goldmann Sachs 57

Tina Hager 141

Handelsblatt 129

Ifa-Bilderteam 41

Index Stock Photography, Inc. 51

Mauritius 62

Nokia 73

Sparkasse 132

Superbild 90, 140

UBS 135

Verlag für die Deutsche Wirtschaft AG 155

XETRA 26

Zefa 18